LA LAÏQUE

Roger NICLAUD

LA LAÏQUE

La Neutralité
Les Manuels
La Parole et l'Exemple

PARIS
LA RENAISSANCE FRANÇAISE
52, PASSAGE DES PANORAMAS

1910

INTRODUCTION

Nous avons, l'an passé, signalé le péril religieux et moral que les jeunes gens courent au Lycée et à la Faculté (1). Aucun livre, à notre connaissance, n'avait encore dénoncé le prosélytisme anticatholique de l'État dans l'enseignement secondaire et supérieur. De cette activité antireligieuse, l'élite intellectuelle du pays et les classes supérieures peuvent seules souffrir. Mais, du prosélytisme anticatholique de l'État dans l'enseignement primaire, l'immense majorité de la nation, la masse des travailleurs de l'usine et de la terre, des petits employés et des petits commerçants, doit subir toutes les conséquences.

Déjà plusieurs auteurs ont averti le public de ce pressant danger. En 1900, M. Goyau a étudié, dans son *École d'aujourd'hui*, les origines religieuses et l'antipatriotisme de l'école laïque. En

1. Voir notre *Lycée corrupteur*.

1906, le P. Lescœur a analysé, dans *la Mentalité laïque et l'école*, l'état d'esprit des instituteurs. M. Gurnaud vient de publier un livre, *l'École et la famille*, qui traite tout particulièrement des associations de pères de famille.

Il nous a paru qu'il restait à ajouter à leurs recherches particulières et que le moment était venu de présenter un travail d'ensemble sur la question.

Nous examinerons successivement : les conséquences des idées de neutralité et de laïcité et la puissance d'hypocrisie de ces formules, — la duplicité des fondateurs de l'école laïque, — quels instituteurs forment les écoles normales, — quels élèves ces instituteurs forment par le livre, la parole et l'exemple, — quels périls prochains menacent ce qui reste en France de liberté de penser.

Ce livre devance de quelques mois les rigueurs pénales dont la loi s'apprête à frapper ceux qui désormais oseront critiquer la Laïque. Sur son œuvre criminelle, l'État veut que règne le silence.

CHAPITRE I

LES IDÉES DE NEUTRALITÉ ET DE LAÏCITÉ ET LEURS CONSÉQUENCES RELIGIEUSES SCIENTIFIQUES ET MORALES

Jusqu'en 1882, l'Église instruisait le peuple. Mais, avec Voltaire, les libres penseurs estimaient « essentiel qu'il y eût des gueux : quand la populace se mêle de raisonner, tout est perdu (1) ». Ne pouvant régner que sur un peuple plongé dans l'ignorance, ils jugèrent que le moyen le plus sûr de le rendre ignorant était d'être seuls à l'instruire. Ainsi leur entreprise scolaire devait être une entreprise de guerre contre l'Église qui, instruisant et moralisant « la populace », lui permettait de « raisonner ».

1. Lettre de Voltaire à son ami Damilaville, 1766.

Se proposant de rendre la nation ignorante, immorale et servile, l'État libre penseur n'avait qu'à publier son désir de respecter les croyances, de cultiver les intelligences, d'éduquer les volontés. Devenu maître de l'enfance, il pourrait, se taisant sur la vérité surnaturelle, altérant la vérité naturelle, débridant les passions, se façonner des serviteurs.

L'État a donc déclaré que l'école serait neutre et qu'elle serait laïque. La garantie de neutralité faisait taire les alarmes des consciences chrétiennes; la proclamation de laïcité donnait aux fervents d'une science et d'une morale liées à une conception religieuse naturaliste et étatiste toutes les garanties dont ils avaient besoin. La gratuité rendait possible l'obligation, et celle-ci préparait le temps où, toute liberté d'enseigner étant enfin détruite, ce n'est pas l'école qui serait obligatoire pour les enfants, mais l'école laïque, et par conséquent, pour les adultes, la religion laïque elle-même.

L'école nouvelle étant fondée sur la neutralité et la laïcité, il convient d'examiner la valeur de l'idée de neutralité et les conséquences, pour la science et la morale, de l'idée de laïcité.

I

LA NEUTRALITÉ

N'enseignant aucune religion et n'en critiquant aucune, l'école neutre devait, semblait-il, n'inquiéter aucune croyance. Toutefois la notion de Dieu, commune aux catholiques, aux protestants et aux juifs, figurait au programme scolaire. Bientôt les libres penseurs protestèrent. De sorte qu'après avoir sacrifié à 100.000 juifs et 500.000 protestants les intérêts de conscience de tout un pays catholique, on sacrifia à un groupe bruyant d'athées jusqu'aux intérêts de conscience de cette minorité religieuse.

Une école où l'on n'enseigne pas la religion est assurément neutre. Mais il est non moins certain qu'une école neutre enseigne l'irréligion : ne pas enseigner un dogme, c'est apprendre à ignorer ce dogme ; ne pas élever l'enfant dans l'Église, c'est l'en exclure ; ne pas faire en son âme les semailles du surnaturel, c'est empêcher qu'il en fasse jamais la moisson. L'école neutre n'est pas positivement, mais elle est négativement hostile à la croyance religieuse dominante. Elle est, contre celle-ci, un procédé hypocrite de combat. Entre l'areligion et l'irréligion, comme entre l'amoralité et l'immoralité, il n'y a qu'une nuance.

L'école neutre avait promis aux chrétiens d'être respectueuse de leur foi. Rien ne fait mieux apparaître la vanité de ces promesses que la hiérarchie de valeur établie par le programme même d'études entre les différentes connaissances humaines : pour le croyant, une seule chose est essentielle, du moins prime toutes les autres : la connaissance de la vérité divine et la pratique de la volonté de Dieu ; pour le programme scolaire, une seule chose est inutile, celle-là. Bien qu'il ne soit pas admissible que le croyant ignore les vérités naturelles, à l'extrême rigueur cependant il pourrait se passer de cette science ; d'après le programme neutre, l'enfant ne doit pas connaître la vérité surnaturelle ; la science humaine est nécessaire et suffisante ; elle seule est obligatoire ; elle est toute vérité et toute réalité, elle est tout ; c'est affirmer implicitement qu'elle vaut comme religion. On jette ainsi la semence — et l'on espère bien qu'elle ne tardera pas à germer — d'une religion de la science, d'une religion de la nature. L'école neutre glisse à être l'école où l'on enseigne explicitement une religion positive nouvelle. Elle apparaît ainsi comme une institution imaginée pour ménager les transitions entre deux croyances qui s'excluent et pour faire qu'à son propre insu tout un peuple apostasie.

L'assurance prodiguée que l'enfant pourra toujours être élevé dans la religion de sa famille par sa famille est particulièrement sophistique. Si les père et mère pouvaient dispenser un tel enseignement, ils créeraient un état mental parallèle à celui que crée l'école; l'enfant apprendrait, en classe, que la science humaine suffit, et, chez lui, qu'il y a une science religieuse; mais, aucun lien ne les rattachant l'une à l'autre, ces deux sciences se juxtaposeraient seulement, et, tôt ou tard, la plus faiblement enseignée serait éliminée par l'autre.

Or, même cette hypothèse, la plus favorable, ne peut se réaliser. La famille n'a ni le temps ni la capacité de fournir aucun enseignement d'aucune sorte. Tout le temps et toutes les forces, qui peuvent être donnés chaque jour au travail, sont donnés, par le père et la mère, pour assurer la vie matérielle de la famille, par les enfants, pour recevoir de l'école neutre leur vie spirituelle. La vie religieuse et morale est donc tarie dans sa source.

Enfin si, théoriquement, l'enseignement neutre recèle une dogmatique cachée, pratiquement et lorsqu'il s'applique, non plus à la lecture, à l'écriture, au calcul, à la géographie, mais à l'histoire, il ne peut pas ne pas prendre parti : même réduite à une simple nomenclature de faits, l'histoire peut être tendancieuse par l'omission de certains faits, par l'importance artificiellement attribuée à certains autres. Mais s'abstenir de juger certains événements est une tâche trop difficile : fatalement des conclusions sont formulées qui tirent l'école hors de la neutralité où l'on prétendait l'enfermer ; le livre ou le maître prend parti, et l'école devient une école de parti.

La neutralité à l'égard de la religion dominante n'est donc qu'un moment dans une évolution préméditée vers l'hostilité pour cette même religion.

On en trouve l'aveu dans la bouche ou sous la plume des fondateurs et des défenseurs de l'école neutre. Ils déclarent, maintenant que leur œuvre scolaire leur semble à l'abri d'un retour de fortune, que la neutralité est impossible à moins qu'on ne l'entende d'une certaine manière qui est d'enseigner tolérance, science et démocratie et de combattre dogmes et superstition.

La neutralité, nous dit-on, est, en fait, impossible, parce que, « dans la vie de tous les jours de l'école, les appréciations morales ne cessent de se mêler intimement aux constatations scientifiques. Qu'il le veuille ou non, implicitement ou explicitement, le maître ne cesse de distribuer éloge ou blâme. Et par conséquent il ne cesse de suggérer des sentiments à l'élève. On ne peut pas plus, au contact des faits, empêcher ses sentiments de vibrer qu'empêcher son cœur de battre (1). »

Ce n'est pas seulement l'action d'enseigner qui interdit à l'instituteur d'être neutre, c'est aussi la conception qu'il doit se faire de la fonction d'enseigner : « Le propre d'un enseignement, la raison d'être, en particulier, de l'enseignement obligatoire, nous dit M. Dyard (2), c'est d'être une semence et de porter en soi des fruits pour l'avenir. Mettre son scrupule à neutraliser l'enseignement, stériliser soigneusement la graine avant de la confier au sol, c'est proprement l'absurdité même. »

Que doit-on donc semer? Un « haut fonctionnaire de l'Académie de Toulouse » nous l'apprend (3): « Le mot neutralité ne *peut* pas être pris dans un sens absolu. Sinon, ce serait condamner l'instituteur et tout professeur à un mutisme complet. Il ne *doit* pas être pris dans un sens absolu. L'école enseigne les vérités acquises. Or ces vérités sont la condamnation de la plupart de certaines croyances confessionnelles, contraires

1. Bouglé, professeur en Sorbonne, article de *la Dépêche de Toulouse*, cité par le *Bulletin de la semaine*, 6 mai 1908.

2. Dyard, directeur de l'école de la rue Ampère, à Paris, et membre du Comité de la Ligue de l'Enseignement, interviewé par *la Petite République*.

3. *Petite République*, 5 juillet 1908.

à la raison et à l'expérience, en un mot à la science. Enseigner les vérités acquises, c'est donc prendre parti pour le progrès et la science contre ces croyances. » Raisonnement invincible : un maître d'école ne peut être muet, et, s'il parle, ne pas enseigner les vérités acquises. Si les vérités acquises sont contraires aux croyances religieuses courantes, il devra donc prendre parti contre ces dernières. Sous cette réserve, il est et reste neutre. Quel homme de bon sens résisterait à cette honnête explication ?

Pour MM. Lyon, recteur de l'Université de Lille, et Chaufour, professeur à l'école Colbert et membre de la Ligue de l'Enseignement, la neutralité ne saurait être non plus entendue au sens absolu du mot (1).

Sans doute, dit M. Lyon, « il est permis de laisser ignorer aux enfants telle ou telle conception religieuse, puisqu'il ne peut y en avoir de définitive » : on laissera donc ignorer le catholicisme toutes les fois qu'on ne jugera pas opportun de le combattre. Néanmoins, « l'action du maître doit être assez grande pour inculquer sur les religions, aux élèves, des idées très hautes et très larges », — ce qui ne peut à coup sûr s'entendre que d'idées dégagées de tout lien avec une croyance positive. Enfin

1. *Petite République*, 29 juin 1908.

l'instituteur doit observer « la tolérance à l'égard des croyances, à la condition cependant que les croyances soient elles-mêmes respectueuses à l'égard de la raison », — et l'on n'ignore pas que, pour les libres penseurs, le catholicisme ne remplit pas cette condition.

M. Chaufour est catégorique et facétieux : « Un enseignement neutre est l'absurdité même ; mais je me charge tant qu'on voudra d'en pratiquer la formule si le professeur de catéchisme accepte d'en faire autant : qu'il trouve moyen de passer Dieu sous silence dans son cours d'histoire sainte, l'émulation m'inspirera bien quelque combinaison géniale pour expurger de toute allusion au catholicisme mon cours d'histoire de France ». C'est dire très nettement, sous une forme plaisante, que le déisme est aussi essentiel à l'enseignement du prêtre que l'athéisme à l'enseignement de l'instituteur et que les leçons d'histoire données à l'école s'opposent au catéchisme d'Église comme contre-catéchisme d'État. M. Chaufour va plus loin : l'histoire de France ne suffit pas à son zèle pour la neutralité ; il voudrait enseigner « un cours élémentaire d'histoire des religions » ; le professeur n'aurait pas « à prendre parti contre ni pour telle ou telle de ces conceptions » religieuses, car il suffit de mettre « les dogmes face à face » pour qu' « ils s'exterminent mutuellement ». Sur quoi,

M. Chaufour proclame « la neutralité » un « principe admirable et sacré ». Escobar n'eût pas mieux dit.

M. Ferdinand Buisson, professeur de pédagogie en Sorbonne et ancien directeur de l'enseignement primaire, raisonne aussi bien que M. Chaufour : « J. Ferry et Goblet n'entendaient certes pas faire de l'instituteur un *neutre* par définition. Ils soutenaient déjà, ce qu'a dit un de leurs successeurs, qu'en raison même de sa neutralité l'école enseigne la République et la Démocratie (1). » M. Buisson ne saurait en effet se contenter d'une neutralité formelle, vide de tout contenu : il lui faut une neutralité pleine, substantielle, nutrifiante, et qui communique à la jeunesse française la sève généreuse, la force, la vie dont notre République libre penseuse déborde. Cette République a fait cette école : cette école enseigne cette République.

Le député du Jura, Charles Dumont, n'exprime pas autre chose lorsqu'il écrit : « Un enseignement neutre, au sens où les cléricaux le veulent, c'est un enseignement infécond. La lecture, l'écriture, les quatre règles, c'est bien, mais ce n'est pas assez. L'instituteur doit aux enfants de onze à douze ans qui savent lire, écrire et compter, de faire passer dans leur jeune âme, avec la notion, l'amour de la

1. *Le Matin*, 27 septembre 1908, cité dans *le Lycée corrupteur*, p. 135.

Liberté, de l'Égalité, de la Fraternité... L'école laïque est et restera l'école du civisme républicain (1). »

Il ne s'agissait donc que de s'entendre sur le mot neutralité, et il ne fallait rien moins que le bienveillant optimisme des catholiques pour pouvoir un seul instant supposer qu'école neutre, respectueuse de la doctrine religieuse, cela pouvait signifier une école qui ne fût pas le véhicule d'une doctrine ennemie : « Il est clair que l'école ne saurait être neutre si l'on entend par là qu'elle doit être sans doctrine. Contre une telle neutralité on ne peut protester avec trop d'énergie. La doctrine de l'école laïque est d'ailleurs simple : elle tient en effet tout entière dans le culte de la science, de la raison et des idées élevées et certaines sur lesquelles repose la morale de toute société démocratique (2). »

Aulard est non moins formel : « La neutralité scolaire est un mot, un mot équivoque, un mot dangereux. Quand on dit que l'école doit être neutre, on entend, j'imagine, qu'elle doit être neutre entre deux ou plusieurs doctrines, qu'elle ne doit prendre parti pour aucune doctrine. C'est comme

1. *La Dépêche du Centre et de l'Ouest*, 23 décembre 1908.

2. Durkheim, juif et professeur de philosophie en Sorbonne (*le Matin*, 27 septembre 1908, cité dans *le Lycée corrupteur*, p. 185).

si on disait que l'enseignement public ne doit se prononcer ni pour la vérité ni pour l'erreur. Il faut recommander, au contraire, d'être, plus que jamais, militant pour la vérité par la science, de n'être jamais neutre au profit de l'erreur (1). » Et l'on sait que, pour Aulard, le catholicisme est la pire des erreurs.

La neutralité scolaire consiste donc à enseigner une certaine doctrine. A ceux qui demandent quelle peut être cette doctrine, certains universitaires répondent avec prudence et ambiguïté : la science. « Notre rôle n'est pas de combattre la religion, mais de propager l'esprit scientifique. Que la religion s'arrange pour se concilier avec l'esprit scientifique. C'est là son affaire et non la nôtre (2). » On professe donc implicitement que la science ne peut s'accorder avec la religion. Telle était aussi la pensée peu dissimulée du fils du rabbin Rauh, professeur de philosophie en Sorbonne, décédé au début de cette année : « Pour les conflits possibles entre le catéchisme et l'école, ma foi ! ce n'est pas l'école que cela regarde. Les faits acquis par la science ne souffrent pas la discrétion et ne sauraient s'accommoder en périphrases. Aux religions de s'en arranger (3). » Et l'on peut être assuré que

1. *Le Matin*, 14 septembre 1908. Voir *le Lycée corrupteur*, p. 136.
2. Durkheim, *Petite République*, 15 juillet 1908.
3. *Petite République*, 20 juillet 1908.

le désir d'exploiter ces conflits en saura toujours provoquer de nouveaux ; ils n'ont cependant pas leur source dans la science dont le développement se poursuit dans un plan parallèle à celui où la religion se meut, mais dans une certaine interprétation philosophique de l'univers. Dans un article sur Aug. Comte, *le Temps* (1), reprochant à Gambetta d'avoir envisagé le positivisme comme une philosophie d'État, avouait que Gambetta l'avait choisi comme l'arme la plus efficace contre le cléricalisme, et ajoutait que la République cherchait encore sa philosophie et sa morale. Le terme cléricalisme, on le sait, signifie catholicisme, de même que neutralité signifie une certaine doctrine nettement définie et qui doit être anticatholique. Il est certain que, quelle que soit la doctrine cherchée, c'est du positivisme que nécessairement elle doit procéder, toute la pensée antichrétienne de nos contemporains étant façonnée par la pensée comtiste. Si l'État n'a pas encore sa philosophie, il se la fait, et, quelle que doive en être la détermination particulière, c'est dans le positivisme, envisagé sous son aspect le plus général, qu'elle s'élabore. L'école neutre doit donc être définie l'instrument dont l'État se sert pour substituer à la foi catholique une foi nouvelle, religion d'État. « Pour nous,

1. 3 décembre 1896.

la neutralité scolaire est synonyme de laïcité, de rationalisme, de positivisme. Nous distinguons, dans le monde de la pensée, ce qui peut être connu par les méthodes scientifiques et ce qui ne peut être atteint par la raison et l'expérience : le Connaissable, objet des sciences, et l'Inconnaissable, objet des rêves, des fantaisies individuelles. Nous voulons qu'on enseigne aux enfants les vérités scientifiques, sans s'inquiéter de savoir si elles blessent telle ou telle foi. Il n'est pas, contre les dogmes, d'arme plus loyale, mais aussi plus sûre qu'une telle neutralité. Dieu, l'âme, la vie future sont-ils scientifiquement accessibles ? Non. L'instituteur n'en parlera donc pas. Mais la religion catholique est-elle responsable de l'Inquisition, des guerres de religion, des dragonnades ? Voilà des questions de fait : l'instituteur devra en parler. Quand l'enfant, devenu un homme, hésitera entre la foi servile et la pensée libre, ces vérités qu'on lui aura enseignées et démontrées à l'école se réveilleront en lui, claires et pressantes, et le pousseront vers la pensée libre. Ainsi la neutralité scientifique et positive de l'enseignement deviendra un moyen puissant d'émancipation laïque (1). »

A la neutralité scientifique ainsi comprise il

1. Albert Bayet, agrégé de l'Université, article publié dans *la Raison*, 21 février 1904.

faut joindre une neutralité religieuse semblablement comprise : la croyance à la science doit recevoir de l'enseignement un caractère proprement religieux : « De plus en plus, les esprits affranchis des étroitesses du dogme comprennent que le lien religieux universel, c'est le désir de réaliser la fraternité humaine. Mais nous devons nous placer à un point de vue supérieur aux religions particulières, et qui n'impose à la raison et à la plus absolue liberté de pensée aucun sacrifice. A côté, et nous ne craignons pas de dire au-dessus des religions qui divisent les esprits, il y a place pour une religion vraiment universelle, acceptable pour tous les esprits pensants, et qui renferme les religions particulières comme le genre renferme les espèces (1). »

Ce fragment est caractéristique de la pensée confuse et du langage équivoque, de la terminologie contradictoire et de la réflexion incertaine propres à certains politiciens laïques, francs-maçons et plus particulièrement, comme notre auteur, *par-payots*. Mais leur langage serait pur verbiage s'il ne procédait d'une méthode calculée pour déconcerter le lecteur scrupuleux et dissimuler à des esprits inquiets et honnêtes les arrière-pensées que

1. Jules Payot, inspecteur d'Académie, *Avant d'entrer dans la vie : Aux instituteurs et institutrices, conseils et directions pratiques*, p. 14.

l'on nourrit. Que signifie : « les étroitesses du dogme » ? Toute vérité, comme toute erreur, est limitée à elle-même et, par suite, peut être dite étroite. D'autre part, toute conviction, étant affirmative ou négative de quelque chose, est dogmatique. Le désir de réaliser la fraternité humaine n'est pas commun à beaucoup de doctrines, et une doctrine, qui conseille cet idéal sans donner quelque moyen de l'atteindre, est vaine. Pourquoi parler « d'un point de vue supérieur aux religions particulières » ? Cette idée supérieure elle-même est particulière, et, si elle tend à créer un lien religieux même universel, elle est l'idée d'une religion particulière. D'ailleurs cette idée, comme toute autre, imposera toujours à la liberté de pensée le sacrifice de ne plus penser en dehors d'elle, si elle est précisément celle qui apparaît comme la plus conforme à la raison. Qu'au-dessus des religions qui divisent les esprits, comme c'est le cas des religions nationales — anglicanisme, orthodoxie grecque ou russe, religion laïque de l'État, — il y ait une religion universelle acceptable pour tous les esprits, c'est bien ce dont les catholiques sont convaincus, comme de ceci encore qu'il est aussi impossible à leur religion de renfermer les religions particulières qu'à la vérité de renfermer l'erreur.

Mais pour enveloppée que soit la pensée vraie

de M. Payot, elle n'en apparaît pas moins parfois avec une clarté suffisante : « L'instituteur devra se pénétrer de l'idée de l'ordre immuable des choses, afin d'en pénétrer ensuite la conscience populaire et de l'affranchir, du même coup, de toutes les superstitions malfaisantes (1). » Sans doute ici encore il faut traduire : par l'ordre immuable des choses on entend le déterminisme inflexible d'une nature qui se suffit à elle-même, et l'on a coutume de faire de l'Église la synthèse de toutes les superstitions malfaisantes. Mais, au moins, s'il faut traduire, la traduction est facile, et elle est claire.

Quelques universitaires particulièrement violents expriment leur véritable pensée sans ambages :

« Nous avons pour nous les professeurs d'Université, les instituteurs, les institutrices, les associations d'instituteurs. L'ennemi, c'est l'Église. Nous avons pour nous l'élite des professeurs d'Université. Mais nous ne pouvons pas, et nous ne voulons pas, oublier que le premier noyau de l'armée, le bataillon sacré, était composé d'instituteurs, d'institutrices... Nous avons déjà l'école sans Dieu (2). »

1. Jules Payot, inspecteur d'Académie, *Avant d'entrer dans la vie : Aux instituteurs et institutrices, conseils et directions pratiques*, p. 277.

2. Chauvelon, professeur agrégé de l'Université, article paru, à l'occasion du Congrès international de la Libre Pensée tenu à Rome en septembre 1903, dans *la Revue de l'enseignement primaire et primaire supérieur*, 21 août 1904, p. 553, 554.

Et Aulard : « Dire : nous ne voulons pas détruire la religion, c'est dire : nous ne voulons pas que notre doctrine, la libre pensée, se répande et fasse des progrès parmi les hommes. C'est dire que nous renonçons, pour notre doctrine, au droit qu'a toute doctrine se croyant la vérité *de supprimer la doctrine adverse* qu'elle croit être l'erreur. Et ce n'est pas seulement à un droit que renonceraient ainsi les libres penseurs : *c'est là un devoir, le plus impérieux des devoirs*. Point d'équivoque. Disons : nous voulons détruire la religion. Nous voulons la détruire dans les âmes par l'instruction publique (1). »

Voilà qui est net : le devoir des libres penseurs est *de supprimer, par l'instruction publique, la doctrine adverse*.

Et ces inquisiteurs laïques sont d'autant plus francs qu'ils se sentent plus forts : « Nous avons pour nous la forme gouvernementale et le pouvoir ; nous tenons le bon bout ; gardons-le (2). » Ils ne parlaient pas ce langage en 1880 lorsqu'ils fondaient l'école neutre. Aujourd'hui ils avouent : « Les fondateurs de l'enseignement laïque, écrit Payot (3), ont introduit la notion de *neutralité* pour ne pas

1. *Annales de la Jeunesse laïque*, août 1904, p. 86.
2. Interview d'un haut fonctionnaire de l'Académie de Toulouse, *Petite République*, 5 juillet 1908.
3. *Le Volume*, 27 juin 1908.

effrayer leurs adversaires.» Ainsi, les armes des dévots laïques sont le mensonge et la violence. Maintenant qu'ils «tiennent le bon bout», ils n'hésitent plus à proclamer que la neutralité doit s'entendre comme l'enseignement d'une certaine doctrine positive que l'on appelle couramment la doctrine laïque. Et la pensée laïque s'oppose à la pensée chrétienne comme l'école laïque s'oppose à l'école chrétienne, l'école de l'État à l'école de l'Église. L'école neutre ou laïque se propose de neutraliser dans l'âme de l'enfant l'éducation chrétienne traditionnellement transmise par la famille, de laïciser l'enfant afin de laïciser la société elle-même, autrement dit, de les déchristianiser.

II

CONSÉQUENCES
AU POINT DE VUE DE LA SCIENCE ET DE LA MORALE DE L'IDÉE DE LAÏCITÉ

Si l'idée de neutralité enveloppe celle de laïcité, l'idée de laïcité enveloppe toute une conception de la science et de la morale.

La science de l'école primaire est essentiellement

rudimentaire. Science de manuel, elle tait toutes les difficultés que rencontre la science pour s'édifier et celles qu'une fois édifiée elle laisse subsister. Par elle, on ne connaît que les résultats, non les moyens de les obtenir, ni la peine de les acquérir, ni les incertitudes qui continuent de les entourer. Quant aux nouveaux problèmes qui se posent, on les ignore encore plus que les anciens problèmes qui demeurent enveloppés dans les solutions. La science, qui, théorique, est un pur symbolisme des apparences, et, appliquée, un simple ensemble de techniques propres à nous permettre d'agir sur les phénomènes naturels, est, au contraire présentée comme l'unique révélatrice de toute la réalité. On est amené à considérer son objet comme le seul connaissable, à s'imaginer que l'on parviendra par elle à vraiment tout connaître. On ne sait pas que, si loin que soient poussées les recherches, on projette toujours plus loin, hors de soi, cet espace et ce temps qui sont en nous et constituent la matière même de la science, et du même coup, le multiple qu'exprime l'innombrable nombre dont la science tente inutilement de parcourir la série sans fin. Nécessairement, l'on croit que l'on va pouvoir épuiser l'inépuisable.

Cet orgueil ridicule et vain, le chrétien ne peut l'éprouver, ni par rapport à la science, que la foi domine, ni par rapport à la foi, qui se définit la connaissance imparfaite de quelques-unes des vérités qui nous dépassent. Par ce qu'il a reçu de science divine il peut maintenir la science humaine à la place qu'elle doit occuper ; il n'en exagère ni la valeur ni la portée ; il ne lui permet pas d'occuper indûment tout le champ de son intelligence ; il ne se laisse pas réduire par elle en état de véritable hypnose ; sur lui le surnaturel agit comme un réducteur du naturel, maintenant ainsi en équilibre tout le système de ses états mentaux.

Chez le dévot de la Science laïque, au contraire, l'inévitable déformation intellectuelle se produit. La conception primaire de la science agit sur l'intelligence primaire de l'instituteur en lui donnant l'illusion que toutes choses lui ont livré leur mystère. L'intelligence de l'enfant sur qui s'exerce l'action d'un tel maître est maintenue à son niveau le plus inférieur ; elle n'est pas seulement abaissée, elle est rétrécie ; et il s'y joint que, par le jeu de la plus naïve fatuité, dans la mesure même où il ignore, l'élève, comme le maître, croit savoir.

Cette science de pacotille, par cela seul qu'elle est présentée comme l'unique source de la vérité, prend figure de religion : elle est réputée génératrice des idées les plus hautes et les plus générales que l'homme puisse atteindre, celles qui embrassent tout le réel, tout le possible, et au delà desquelles il n'est place que pour l'erreur, le mal ou le néant; elle est louée comme capable de satisfaire nos aspirations les plus généreuses, nos besoins d'idéal et notre soif de justice. Lorsque les hommes se façonnent une idole, c'est toujours avec la chose la plus vile et qu'ils recouvrent de leurs plus précieuses richesses. Et ils n'y voient pas seulement la source de la vérité et de la beauté, mais encore de la moralité.

L'école, étant indépendante des religions, mais enseignant la morale, devra nécessairement enseigner une morale indépendante des religions. Indépendante des religions, cette morale sera nécessairement dépendante de la science.

Avant même que d'analyser la morale de l'école laïque, nous nous trouvons ainsi en présence d'une formule contradictoire : morale scientifique, — deux mots qu'il est absurde d'accoupler.

D'une part, la science théorique est une étude désintéressée : elle enrichit notre intelligence et reste indifférente aux diverses formes de notre activité. Donc, plus la morale se fait scientifique, moins elle est morale. En devenant une science, elle devient amorale comme la science elle-même.

D'autre part, la science appliquée fournit à notre activité des moyens de s'exercer, à nos désirs des procédés pour se satisfaire : elle n'en impose aucun. Elle offre à notre volonté des occasions de choix : elle ne prétend pas lui dicter un choix. Elle ne saurait d'ailleurs nous apparaître comme quelque chose qui doive inspirer le respect : elle n'est qu'un instrument forgé par nous pour nous servir.

Une étude objective des faits moraux nous rend intelligibles leur plasticité, le mécanisme de leur évolution sous l'influence des idées, des besoins, des intérêts, des instincts : elle ne fournit pas de règle à notre activité morale. Une science de la morale sera, par définition, une science des phénomènes moraux, non une puissance directrice de notre sensibilité.

Par conséquent, dire que l'on enseignera à l'école la morale indépendante, la morale scientifique, cela revient à dire que l'on s'abstiendra d'enseigner la règle des mœurs et de moraliser l'enfant.

Une morale doit assurément satisfaire l'intelligence, mais aussi et surtout agir sur la volonté. La philosophie ou la science, quelque conception qu'on en ait, ne peut créer autre chose qu'une morale purement intellectualiste, une morale formelle, verbale, vaine : l'intelligence n'est pas le grand principe d'action ; elle éclaire la volonté plutôt qu'elle ne la déclanche. La sensibilité est autrement agissante que la pensée, mais c'est elle que précisément la morale se propose de discipliner : qui donnera à la sensibilité des forces contre la sensibilité? Par la morale, l'homme cherche à s'élever au-dessus de lui-même : il n'y peut espérer parvenir s'il ne découvre une Force qui lui soit supérieure et qui le vienne aider.

Le Christianisme la lui apporte précisément : ses idées morales constituent un tout systématiquement coordonné, qui ne vaut pas seulement, au regard de notre raison, par sa logique harmonieuse, mais, au regard de notre activité, par la puissance d'attraction de sa durée dans l'histoire. Les idées qui fondent cette morale satisfont, par leur généralité, à nos besoins intellectuels, et, par leur caractère concret, à notre sens du réel. Leur idéalisme surexcite en nous les sentiments les plus généreux, comme leur réalisme exerce ses prises sur nos sentiments inférieurs; nous sommes incités au bien, et par la beauté attractive du bien, et parce que notre intérêt le plus puissant, l'intérêt éternel, est de pratiquer le bien. Cette morale n'agit pas qu'au dehors, elle pénètre au dedans jusqu'aux sources mêmes de notre activité et dans les plus secrets replis de la conscience; elle entend discipliner toute la vie cachée de l'âme. Son centre est Dieu, non pas un idéal construit par l'homme, mais une réalité transcendante, créatrice de l'homme, et qui, tout en demeurant distincte, lui devient cependant intérieure dans la prière, l'élan du cœur, le don de la grâce; — non pas encore le Dieu abstrait des philosophes, mais le Dieu vivant de l'histoire, révélé dès les origines, uni par des alliances répétées avec sa créature, incarné même en elle, Christ vêtu d'humanité et toujours substantiellement présent dans l'Eucharistie. Son Église, faite de tous les hommes assemblés dans sa foi, devient son corps visible, perpétue son humanité vivante, renforce l'image sensible du Divin modèle par l'exemple vivant et toujours renouvelé des saints, enfin exerce en chacun et au for intérieur une action disciplinaire d'ordre surnaturel. Cette activité morale de l'Église n'a pas seulement une valeur individuelle, mais une valeur sociale. L'Église cherche à imprégner non seulement l'individu, mais toute la société de représentations sensibles qui, toujours présentes, prédéterminent sans cesse chacun à envisager les moments successifs de sa vie sous l'aspect des choses éternelles, si bien que le sentiment de la présence du Dieu vivant, de l'imminence du jugement et des fins dernières, le meuve en conformité avec son devoir. La surnature est ainsi universellement liée d'une manière effective à la nature; il y a association intense de toutes les puissances supérieures et des fragilités humaines, mise en relation intime de l'action divine avec toutes les idées motrices de l'individu.

Un tel système agit à la fois sur notre intelligence et sur notre volonté, sur notre faculté d'idéal et sur nos calculs d'intérêt, sur notre sensibilité et sur notre imagination, sur l'individu isolé et sur les individus groupés ; il agit par lui-même, en tant que système d'idées et d'images, il agit par l'organisme ecclésiastique, avec tous ses éléments, prières et cérémonies, exercices spirituels, sacrements et sanctions disciplinaires, influence de la parole, de l'exemple, des associations de piété ; il agit parce que le Dieu vivant vit en lui et agit par lui.

La morale laïque détruit tout cela. Que met-elle à la place ?

Des mots, et contradictoires. Pour tout dire, le néant.

La stérilité de l'enseignement moral de l'école laïque, l'inefficacité des diverses morales laïques, leur faillite viennent d'être dénoncées par un auteur qui, loin d'être chrétien, propose au contraire une nouvelle solution laïque de la morale, aussi vaine d'ailleurs que toutes les autres.

D'après M. Delvolvé, « pour que des idées exercent effectivement une fonction régulatrice de la vie pratique, elles doivent présenter, aussi développés que possible, les caractères suivants :

1° aptitude à s'intégrer aux tendances; 2° généralité et concrétude; 3° intensité; 4° puissance d'association; 5° relation systématique à l'ensemble des idées motrices », et il estime que « ces conditions psychologiques de l'idéation pratique (1) » sont précisément réalisées dans la morale catholique et ne se rencontrent en aucune des morales laïques formulées jusqu'ici.

Prenons, par exemple, la question du suicide. Les manuels scolaires le condamnent, soit au nom de l'idéal kantien (notre vie a un but moral), ce qui n'a d'influence que sur les enfants déjà moralisés, — soit au nom de la valeur sociale de notre existence (nous n'avons pas le droit de priver notre société de notre activité), argument qui « ne fournit d'idée motrice que dans la mesure où la volonté individuelle s'attache à l'intérêt social (2)», et qui précisément justifie le suicide du malade incurable devenu une charge pour sa famille et pour la société, ou du criminel dont la mort volontaire empêche que le déshonneur d'une condamnation rejaillisse sur tous les siens.

Passons à la question « des rapports de l'homme avec la femme, du mariage et de la chasteté ». M. Delvolvé constate que, « dans l'éducation tra-

1. Delvolvé, *Conditions d'une doctrine morale et éducative* (*Revue de métaphysique et de morale*, juillet 1908, p. 529).
2. *Id.*, p. 537.

ditionnelle, cette question occupe une place considérable », tandis qu'« elle est entièrement omise dans les programmes de l'enseignement primaire élémentaire, rapidement effleurée dans la plupart des ouvrages destinés aux écoles primaires supérieures et aux classes supérieures de l'enseignement secondaire (1) ».

Généralement, ces livres fondent le mariage sur le libre consentement des époux et justifient ces devoirs par le principe kantien de dignité humaine. Mais ce principe n'a de valeur que pour ceux qui ont déjà reçu une forte éducation morale. D'autre part, « tout aussi bien que le devoir du respect de l'union accomplie, le principe kantien est susceptible d'étayer le devoir ibsénien de réserver constamment la liberté de l'individu. Les partisans du divorce par volonté unilatérale ne manquent pas de mettre en œuvre ce principe rationnel (2). »

La question du mariage est traitée, dans la littérature primaire, par Payot, *la Morale à l'école,* et par Rey et Dubus, *Leçons de morale*, manuels à l'usage des écoles primaires supérieures.

Payot présente la constitution de la famille comme un progrès. Mais alors, dit M. Delvolvé, « l'attention est forcément portée, par l'idée même

1. Delvolvé, *ibid.*, p. 530.
2. *Id.*, p. 531.

de progrès, sur les formes futures » de l'institution ; « nous sommes ainsi encouragés à un faible respect des règles conjugales du moment présent (1) ». Payot ajoute, à « l'idée du progrès social », cet « autre mobile » qu'« un bon ménage est le plus grand *bonheur* » ; or cette assertion, reprend M. Delvolvé, « est mensongère, car, dans la réalité, le mariage, c'est la difficulté de la vie accrue, c'est un sacrifice réciproque en vue d'une harmonie qui doit être maintenue par un permanent effort, c'est un renoncement de soi pour ses enfants (2) ».

Rey et Dubus, poursuit notre auteur, « insistent sur la *moindre* importance actuelle, au point de vue juridique et social, des biens familiaux ». Or, « quelle est, en pratique, la source commune des troubles moraux relatifs au mariage ? C'est l'insuffisance ou le relâchement de la volonté et du sentiment d'union entre les époux » ; et cette « union de cœur et d'esprit » serait plus difficile à réaliser « dans un état social où la dissolution du mariage serait constamment offerte à la volonté de chacun. Je vois clairement la valeur destructive de ce mode d'enseignement moral, je ne puis apercevoir sa puissance édificatrice (3). »

1. Delvolvé, *ibid.*, p. 532.
2. P. 532, 533.
3. *Id.*, p. 533, 534.

Rey et Dubus, dans une leçon sur la « délicatesse morale », écrivent qu'il faut résister aux « plaisirs grossiers », parce qu'ils sont en opposition avec la richesse intellectuelle des peuples civilisés ; pour triompher de ces plaisirs, il suffirait de faire disparaître l'oisiveté et la misère et d'éduquer notre volonté. Mais, remarque Delvolvé, « l'idée de la nécessité de l'amélioration économique comme facteur de l'amélioration morale est éminemment propre à nous fournir d'excuses pour nous mal conduire tant que dure l'état économique actuel... Dire à l'enfant ou à l'homme qu'il doit faire l'éducation de sa volonté, c'est lui enseigner la morale comme le maître d'armes enseigne l'escrime à M. Jourdain, en la définissant l'art de toucher et de n'être pas touché... Reste, comme seule base d'action morale, l'idée de la supériorité de l'intelligence sur l'instinct, de la civilisation sur la barbarie. Quel sens offre cette idée d'affinement pour un être fruste et actuellement grossier, sinon celui d'un accroissement du confort de la vie? Quelle prise la même idée a-t-elle sur l'intellectuel averti, qui sait que toutes les corruptions s'incorporent sans peine les plus délicats raffinements de l'esprit, se justifient par les théories les plus subtiles? Les idées d'affinement, d'intelligence, de délicatesse ne fournissent aucune base mentale pour l'action parce qu'elles sont assez malléables pour s'adapter à toutes les formes de l'action (1). »

Et Delvolvé conclut : « Notre morale laïque ne satisfait pas aux conditions d'efficacité posées par la psychologie de l'action (2). » « Qu'elle ait recours à des explications analytiques de divers ordres », ou « qu'elle s'en tienne à des principes généraux plus ou moins directement tirés du kantisme », ou qu'elle « demande à la sociologie une unité doctrinale et une base rigoureusement positive », dans tous les cas elle « se montre impuissante à établir pratiquement le rapport de ses règles au dynamisme réel de la vie psychologique », et « elle aboutit seulement à éclairer et à munir de prétextes et d'apparences morales l'intérêt individuel entendu au sens étroit, c'est-à-dire la force active la plus superficielle, toujours en éveil à la périphérie de la vie psychique ».

Malgré cela, Delvolvé reste partisan d'une morale laïque, mais, pour lui, toute la question revient à « fournir une adaptation nouvelle » du « mode d'idéation » que procurait « la doctrine traditionnelle » et « qu'exigent les données positives de la psychologie » ; il ne s'agit que de découvrir, « pour l'exercice de la fonction que

1. Delvolvé, *ibid.*, p. 535.

2. *Revue de métaphysique et de morale*, janvier 1909, p. 159.

les idées religieuses remplissent dans l'activité pratique, des équivalents nouveaux » de ces idées (1).

Quel équivalent pratique des idées traditionnelles efficaces M. Delvolvé nous fournit-il ?

Dieu étant le centre de tout le système de morale religieuse, il estime suffisant de le remplacer, à la suite des pragmatistes, par le sentiment du divin auquel il accorde « une valeur pratique *absolue* (2) ». Toutefois c'est à la condition que cette notion du divin ne soit pas vide. Pour cela il faudra : « 1° remplacer la communication de l'âme à un être transcendant par sa communication à une réalité qui ne fait qu'un avec la nature objective ; notre être individuel ne fait réellement qu'un avec tout ce qui est ; 2° la finalité du moi conscient ne fait qu'un avec une finalité universelle ; 3° un optimisme universel, c'est-à-dire la foi à la puissance de l'être, à la victoire certaine de ses aspirations (3) ».

Mais il n'y a là qu'un très petit nombre d'équivalents des idées chrétiennes. De plus, ces équivalents sont factices. L'optimisme universel, s'il n'est pas rattaché à l'idée d'une Providence, est

1. *Revue de métaphysique et de morale*, janvier 1909, p. 159.
2. *Id.*, mars 1909, p. 287.
3. *Id.*, p. 289.

une hypothèse gratuite et contradictoire à de nombreuses expériences individuelles qui ne donnent que des raisons de ne pas croire à « la puissance de l'être », de ne pas espérer « la victoire de ses aspirations » ; et il en faut dire autant de l'identification des finalités individuelle et universelle; d'ailleurs ces conceptions, si elles étaient justifiées, seraient trop abstraites et trop générales pour nous intéresser, nous émouvoir et nous promouvoir. Mais cette idéologie formelle s'accuse plus nettement encore dans « le sentiment du divin ». Ou l'idée du divin, ne correspondant plus à rien de réel, perd toute efficacité; elle est aussi vide que l'idée kantienne de l'impératif catégorique; elle ne peut plus agir que chez ceux dans la profondeur de la conscience desquels survit le sentiment chrétien, et, chez ceux-là, l'idée kantienne du devoir a, pour la même raison, la même puissance d'action. Ou cette idée du divin s'applique à une autre réalité, la nature, — et telle est bien la pensée que M. Delvolvé exprime, — mais cette conception panthéiste, cette déification de la nature implique une morale directement opposée à la morale chrétienne et qui s'esquisse très suffisamment sous la plume de l'auteur.

Il écrit : « *L'instinct de reproduction* n'apporte pas un moindre témoignage de l'ardeur avec laquelle la vie en nous poursuit ses fins (1). » « *Le sentiment de la nature* (2) », « la haute valeur pratique de l'émotion de la nature n'a pas échappé à la perspicacité de Pécaut : le solstice d'hiver, l'apparition du printemps lui sont des occasions d'éveiller ses disciples au sens religieux de la nature, et il recommande bien aux futures institutrices de ne pas laisser passer, sans en tirer parti pour leur œuvre d'éducation, ces époques de l'année où la nature elle-même communique sa puissance à leur enseignement (3). » « *La vie sociale* offre un moyen, non seulement de contemplation de l'unité et de la finalité universelles, mais aussi d'action universelle. La société est une forme réelle de *communion*. La société humaine devient pour l'esprit qui la contemple le symbole ou l'approximation la plus suggestive du divin. Cette communion des volontés constitue dans les esprits un *idéal social* disposant de la puissance pratique des tendances universalisées et orientant l'activité de l'individu vers la réalisation de la parfaite communion des hommes (4). » Et l'auteur ajoute que « cette indication répond avec exactitude aux renseignements que nous fournit

1. *Revue de métaphysique et de morale*, p. 292.
2. P. 293.
3. P. 294, 295.
4. *Id.*, p. 298, 299.

l'examen des formes de l'idéal social objectivement présentées dans l'histoire (1), Cité grecque et latine, Empereur de Chine fils du Ciel, Empereur du Japon fils du divin Soleil.

Bref, ou tous ces substituts de la morale religieuse sont des formules verbales et vides, ou ils signifient que les motifs d'agir sont pour nous la volonté sociale, les enseignements de la nature et les poussées de l'instinct reproducteur. Après transposition, la morale est devenue une morale de l'instinct charnel, de la nature sensible, de l'État puissance de coaction, — morale utilitaire, sensuelle et despotique, — morale de servitude à l'égard des suggestions des sens, des forces de la nature, de la puissance de l'État. La transposition a amené l'inversion. Tout ce que les chrétiens considéraient comme immoral, comme honteux, est devenu l'idéal et l'expression même de la moralité. Mais alors il n'est plus besoin de chercher des motifs d'action : il suffit de laisser les instincts crier leur volonté et la puissance publique imposer la sienne : pour que cette double tyrannie se réalise, il n'y a qu'à détruire la puissance libératrice de l'Église ; par l'École laïque, l'État païen s'y emploie de son mieux.

1. *Revue de métaphysique et de morale*, p. 299, 300.

M. Delvolvé a étudié les raisons de l'inefficacité de la morale laïque. D'autres que lui l'ont sentie, et, comprenant que cette morale était théoriquement insuffisante et pratiquement sans effet, ils se sont efforcés chacun d'en inventer une nouvelle formule : il y a eu, depuis trente ans, une grande floraison de morales laïques.

M. Malapert estime qu'« une éducation morale indépendante de tout dogme est la seule qui soit possible et qui soit légitime à l'école publique (1) », et que l'« on doit décourager et combattre énergiquement toute tentative pour substituer à l'autorité de la raison et de la conscience une autorité prétendue supérieure, pour fonder la morale sur la religion. La morale se fonde et la moralité se cultive d'une façon absolument indépendante de tout dogme religieux. Et l'école laïque doit précisément prendre, pour base solide de l'éducation morale qu'elle donne, l'affirmation de cette indépendance (2). » Établir sur l'exclusion d'un principe religieux transcendant le fondement « solide » de la morale enseignée à l'école laïque est une entreprise singulière. M. Malapert concède seule-

1. Malapert, professeur de philosophie au lycée Louis-le-Grand, *Rapport sur l'éducation morale à l'école primaire*, publié par la *Revue politique et parlementaire*, 10 septembre 1901, p. 582.

2. *Id.*, p. 594.

ment qu'il convient d'ajouter à cette base purement négative une base positive : l'idée de solidarité : « la définition des droits et des devoirs des hommes ne peut être cherchée désormais en dehors des rapports de solidarité qui les lient, et l'effort constant de l'instituteur doit être de tenter l'exploration patiente et féconde de cette notion de solidarité (1) ».

De même, pour les instituteurs Chauvelon et Franchet, « le matérialisme a conduit l'homme à la vérité morale, celle du solidarisme (2) ».

Or l'idée de solidarité est une idée inerte et amorale : elle exprime un fait que l'on subit et qui est aussi réel lorsqu'il se constate entre le loup dévorant l'agneau qu'entre l'aveugle portant le paralytique et conduit par lui. L'idée de solidarité devient active et moralisatrice dans le seul christianisme : alliance, dans l'Ancien Testament, entre Dieu et l'homme, plus intimement réalisée, dans le Nouveau Testament, par l'Incarnation, solidarité du genre humain dans le péché originel, la rédemption, la vie de l'Église, la réversibilité des mérites et la communion des saints.

M. Croiset, doyen de la Faculté des lettres de Paris, ne s'embarrasse pas d'aussi longues re-

1. Malapert, *ibid.*, p. 585.
2. *Revue de l'Enseignement primaire*, 22 janvier 1905.

cherches : il lui suffit que l'on enseigne dans les écoles « l'idéal moral qui s'impose en général à la conscience des honnêtes gens d'aujourd'hui (1) ».

Mais quels sont ces « honnêtes gens » ? M. Croiset d'abord ; et ensuite ? Puis, pourquoi l'idéal des honnêtes gens « d'aujourd'hui » ? Qu'est-ce qui autorise « aujourd'hui » à prétendre lier « demain » ? Pourquoi ne pas préparer demain en jetant dès aujourd'hui dans la conscience des enfants l'idéal moral que l'on estime convenir à ceux qui seront les « honnêtes gens » de demain ?

M. Croiset n'éprouve pas la curiosité de résoudre ces difficultés. Il lui suffit que l'on enseigne « les règles morales » sans qu'il soit besoin de les justifier par aucun motif : quelles qu'en soient les raisons, « la règle subsiste parce qu'elle nous apparaît comme nécessaire et comme raisonnable (2) ». On voit comme c'est simple. Il est, en vérité, surprenant qu'on ne s'en soit pas avisé plus tôt. Comme on se serait épargné de la peine et des ennuis ! Pourquoi chercher des « motifs » à ces règles ? Est-ce qu'ils n'ont pas tous « toujours ceci de commun de paraître probants à ceux qui les invoquent (3) » ? Il suffira donc d'enseigner des

1. Croiset, article sur *l'Enseignement laïque de la morale*, publié dans *la Revue du Mois*, 10 janvier 1906, p. 29.
2. P. 30.
3. P. 31.

« notions indispensables et solides, assez semblables à celles que proclamait comme nécessaires le vieux Protagoras ». Il disait « qu'aucune société ne pouvait vivre sans la tempérance et la justice ; nous dirions aujourd'hui : morale individuelle et morale sociale; morale individuelle, c'est-à-dire gouvernement de soi-même par la raison; morale sociale, c'est-à-dire formation, chez les individus, de l'aptitude à tenir leur rôle dans les groupes naturels ou historiques dont se composent les sociétés civilisées (1) ». Et voilà! On n'imaginera jamais combien notre moralité a perdu à ce que le christianisme nous ait fait oublier « le vieux Protagoras ».

Dans cette morale, les sanctions ne font pas défaut : il y a « l'intérêt qu'a l'individu à obtenir la considération de ses semblables (2) », et l'on sait en effet que, plus il est malhonnête, plus le malhonnête homme reçoit de considération de la part des malhonnêtes gens qu'il fréquente, et plus il se tient lui-même haut dans sa propre considération; de la sorte, « la vraie sanction » ne lui manque pas, qui est « l'approbation de la conscience », car il ne faut pas oublier qu' « il y a, pour l'honnête homme », ou le malhonnête homme, « une impos-

1. Croiset, *Ibid.*, p. 31.
2. P. 34.

sibilité véritable à se mettre en contradiction avec ce que sa conscience lui demande », et « l'opinion qui compte plus que tout aux yeux de l'honnête homme », ou du malhonnête homme, « c'est la sienne propre (1) ».

La voix de la conscience, à laquelle M. Croiset fait naïvement appel, est la voix de cette conscience traditionnelle que le christianisme nous a façonnée, et que visent à détruire les doyens de Faculté qui fondent leur morale sur « le vieux Protagoras ».

Le Temps ayant, en 1894, ouvert une enquête sur l'éducation morale à l'école, un professeur de lycée « propose comme âme de l'éducation l'amour de la patrie, et comme but la formation du citoyen français moderne ». *Le Temps* (2) ne peut s'empêcher de remarquer « qu'un mobile, puisé uniquement dans la politique nationale, s'il agit puissamment en temps de guerre », ne possède pas « la même vertu dans les longues périodes de paix », et qu'au surplus « le citoyen n'épuise pas l'homme tout entier ».

Les hommes politiques ne s'attardent pas à ces spéculations. La morale ? Ils la connaissent d'ins-

1. Croiset, *ibid.*, p. 35.
2. 4 novembre 1894.

tinct. Il n'y a pas à la justifier, il suffit de l'enseigner : elle sera efficace. Dans le rapport présenté au Conseil municipal de Paris, par MM. Clairin, Baudin et Bompard (1), on lit que, « dans les emplois du temps, de la classe élémentaire au cours supérieur, on ne trouve nulle part une heure spécialement consacrée à cet enseignement » de la morale. Le résultat de cette pratique « est qu'en matière d'enseignement moral les enfants apprennent hâtivement quelques phrases de manuel qui ne sauraient faire une impression profonde sur leurs cœurs et leurs volontés ». Mais, à côté du mal, le remède. Et voici celui qu'ont découvert et que préconisent les auteurs du rapport : le cours de morale sera fait, dans chaque classe, non par un simple maître, mais par le directeur d'école lui-même. On voit comme c'est facile, et qu'il n'est pas besoin de faire appel au concours du « vieux Protagoras ».

Si des conseillers municipaux se mêlent d'instituer, avec leur grande compétence, une morale, il n'est pas surprenant que les journaux se croient autorisés à proposer une solution.

Le Petit Journal (2) s'écrie : « A la base de tout,

1. *Le Temps*, 11 novembre 1894.
2. 5 mai 1909.

la morale! » Son enseignement « doit être très bref et très net ». En voici le résumé : « Tout l'enseignement moral tient en ces deux préceptes, l'un négatif, l'autre positif : ne faites pas aux autres ce que vous ne voudriez pas que les autres vous fissent; faites aux autres ce que vous voudriez que vous fissent les autres. Le premier de ces préceptes se décompose en trois parties : 1° Ne faites pas de mal à ceux qui vous ont fait du bien »; il y a des « âmes disposées à haïr leurs bienfaiteurs. C'est à elles surtout qu'il faut enseigner la noblesse et la douceur de la reconnaissance. » Comme s'il suffisait d'*enseigner* la morale pour moraliser! « 2° Ne faites pas de mal à ceux qui ne vous ont fait ni bien ni mal. » Règle importante, car elle « est le secret de la paix publique. » Et : « 3° Ne faites pas de mal à ceux qui vous ont fait du mal. » Pourquoi? Parce que « la peine du talion est une tradition de sauvagerie ». Parce qu'aussi l' « on ne peut pas être à la fois juge et partie ». « Le second précepte se décompose également en trois parties : 1° Faites du bien à ceux qui vous ont fait du bien. Magnifique et ravissant échange de services! 2° Faites du bien à ceux qui ne vous ont fait ni bien ni mal. Liens aussi résistants que souples, qui font de la société une grande Amitié et une véritable République. 3° Faites du bien à ceux qui vous ont fait du mal. C'est là le point culminant, le dernier degré de l'échelle morale. Au-dessus de cela il n'y a rien. »

Toute cette morale est de la morale chrétienne démarquée, inavouée et rendue inefficace, purement formelle, vraiment logomachique, agrémentée de réflexions ridicules. Mais il était indispensable de donner ainsi une plus parfaite mesure de l'abaissement intellectuel et moral de nos contemporains laïcisés.

Le Matin (1) a peut-être imaginé mieux encore. Il a ouvert un « concours sur l'éducation de la démocratie », et des « mémoires couronnés » il a « extrait les formules » qui lui « paraissent résumer de la manière la plus brève et la plus saisissante les principes et les aspirations de la conscience laïque ». Ce sont « les dix commandements de l'École », le « Décalogue de la Démocratie ».

D'abord, une déclaration de principe : « La France d'aujourd'hui est la fille aînée », non de l'Église, mais « de l'École » qui est « gratuite » et « laïque ».

Puis cette terrifiante menace : « Tu entres à l'École ; tu y resteras toute ta vie.. »

Puis un truisme : « Ne reçois jamais aucune chose pour vraie que tu ne la connaisses évidemment être telle. »

1. 17 mai 1908.

En quatrième lieu, cette recommandation qui fait soupçonner le peuple démocrate d'être le plus sale de toute la terre : « La propreté est la première des vertus. »

Ensuite des formules vagues : « Respecte-toi toi-même. — Fais aux autres ce que tu voudrais que les autres te fissent. — Aime ta patrie comme toi-même. — Instruire, c'est construire. » Ou ironiques : « Sois libre. » Ou fausses : « Tout homme a le droit de vivre; le droit à la vie, c'est le droit au travail, à la liberté et à la beauté. »

Et il ne faudrait pas attribuer au *Matin* seul la paternité de ces dix niaiseries. M. Payot, agrégé de philosophie, dans son *Cours de morale*, destiné aux Maîtres de l'enseignement primaire et de l'enseignement secondaire, aux écoles d'instituteurs et d'institutrices (1) », nous fait prendre en horreur « la misère physique et intellectuelle des sauvages actuels » qui habitent des pays où il n'y a « pas de routes », dont la « nourriture est grossière et peu variée », qui « ne connaissent pas le mortier » et dont « les vêtements sont insuffisants ». « Imaginez quelles souffrances vous éprouveriez si vous n'aviez ni savon, ni cuvette, ni broc

1. Voir la spirituelle critique qu'en a faite Maurice Talmeyr dans *le Gaulois*, 18 août 1904.

d'eau, ni serviette, ni linge, ni vêtements, ni fourchettes, ni cuillers, ni couteaux, ni assiettes, ni draps, ni sommiers, ni matelas, ni livres ! » Aussi bien M. Payot fait-il consister la morale dans ce « devoir essentiel » qui est de « vivre d'une vie intense ». Il suffit, pour cela, d'une bonne nourriture, d'un bon sommeil (pas trop prolongé, sans quoi le sang « s'épaissit »), et de ne pas laisser nos « pores se boucher. Soigne ta peau, aie la tête irréprochable, nettoie tes oreilles, renifle de l'eau ayant bouilli, et lave-toi les pieds à la serviette ! »

Nous sommes descendus jusqu'aux plus basses conceptions morales de nos contemporains. Et nous devons constater que, malgré qu'ils aient entassé une multitude de théories aussi précaires, de solutions aussi vaines, ils ne se lassent pas de se leurrer de l'espoir d'aboutir à un satisfaisant résultat. M. Weber, qui constate l'échec de l'effort laïque, persévère néanmoins dans les voies mauvaises où ses devanciers se sont perdus : « Il n'y a jamais eu, écrit-il (1), plus de désaccords qu'aujourd'hui sur les fondements de l'éthique. Non seulement on discute les principes, mais, en outre, sur cette discussion même se greffe celle ayant

1. *La Morale d'Épictète*, dans *la Revue de métaphysique et de morale*, mars 1909, p. 206-208.

trait à la question de savoir s'il est nécessaire que l'enseignement moral repose sur des fondements théoriques généraux. En présence de ce conflit de doctrines, en présence des mille incertitudes sur les principes et sur la méthode, les élèves ne peuvent « retirer des leçons de morale qu'on leur professe au nom de la philosophie ou de la science, d'autre fruit qu'une faculté critique aiguisée et peut-être aussi un scepticisme qui ne leur facilitera guère l'acquisition des convictions pratiques indispensables pour se retenir sur les pentes glissantes. Et nous parlons ici des meilleurs. Pour les autres, le cours de morale n'est qu'un élément du programme scolaire et une condition de diplôme. » Cependant M. Weber cherche la solution dans la direction même qu'ont suivie ses devanciers : il propose une morale purement laïque qui consisterait à « présenter à l'élève l'acquisition de la moralité comme un moyen de se distinguer du commun et d'appartenir à une élite. » Comme si la morale devait être une morale pour quelques-uns et non pour tous ! Comme si une morale d'égoïsme et d'orgueil pouvait s'appeler une morale ! Comme si la morale pouvait avoir pour principe que le plus grand nombre soit dépourvu de moralité ! Et, au surplus, cette morale serait-elle théoriquement justifiée, elle resterait dépourvue de toute valeur pratique : le plaisir est plus fort que la vanité, et il est irrésistible parce que la vanité peut trouver son compte dans le plaisir.

La vraie raison de cette impuissance à fonder une morale est que, hors du christianisme, il s'édifie une morale, spontanément, et que l'on n'avoue pas encore. On craindrait, tant elle est contradictoire à tout ce que nos habitudes individuelles, familiales et sociales, ont encore gardé de la morale chrétienne, de provoquer une réaction qui compromettrait à jamais la transformation morale que l'on se propose secrètement de réaliser. C'est vers l'antipode de la morale chrétienne que l'on nous fait progressivement évoluer, et tout ce fatras de doctrines sert à dissimuler le but où l'on nous mène. Il s'agit de changer l'âme de tout un peuple; sa pratique, et non pas seulement sa croyance; sa morale, et non pas seulement sa religion. Tandis que les théoriciens se mettent vainement en quête de conceptions qui constituent de mauvais compromis avec le christianisme, une morale pratique se construit, dont l'enfant, dégagé de toute discipline, trouve les préceptes dans cette inspiration profonde de ses instincts que résume la recherche égoïste et passionnée du plaisir.

Le double principe de l'éducation laïque a été

posé, pour la première fois depuis la fondation du christianisme, par le premier grand agent de déchristianisation dont ait souffert le monde, par Luther, lorsqu'il a déclaré que l'homme ne peut pas plus se contenir que se dépouiller de son sexe, et que la foi, non les œuvres, assure le salut : il prononçait par là que l'arbitre de l'homme est irrémédiablement esclave, et qu'il y a divorce entre l'intelligence et la volonté ; la volonté est désormais indépendante de l'intelligence et dépendante des sens ; la moralité, ne consistant plus dans la vie que l'on mène, mais dans la culture de la pensée et la doctrine que l'on professe, n'est plus qu'un jeu de l'esprit.

L'éducation laïque de l'école neutre poursuit le triomphe de ces deux idées jumelles : elle n'établit aucun lien entre la pensée et l'action ; elle s'efforce seulement d'imposer à l'enfant des manières de voir, des croyances ; elle assujettit son intelligence et elle libère ses appétits ; ce qui s'oppose à leur satisfaction apparaît comme un préjugé vulgaire ; les seules leçons de la nature semblent excellentes ; l'homme voit dans l'animal son modèle ; amoureuse de son propre frère, Myrrha s'écrie : « Les droits du sang ne semblent pas condamner mon penchant. Les animaux s'unissent sans choix : le taureau ne rougit pas de rendre mère la génisse à laquelle il a donné la vie ; le cheval peut féconder la cavale dont il est le père ; le bélier, les brebis qui lui doivent le jour ; et l'oiseau, le sein qui l'a conçu. Heureux les êtres dont rien ne gêne cette douce liberté ! L'homme, trop sage, s'est enchaîné par de cruelles entraves ; des lois jalouses répriment les sentiments autorisés par la nature (1) ! »

Livré à sa nature inférieure, l'enfant va construire pratiquement une morale des instincts secrètement conforme à la doctrine naturaliste, à la foi panthéistique qui lui est enseignée (2).

Ainsi se prépare le dernier terme d'une évolution que Luther avait commencée et qui tend à réconcilier la pensée et la volonté dans l'harmonie d'une religion et d'une morale renouvelées des païens. L'opposition qui s'était manifestée entre l'activité théorique et l'activité pratique de l'individu n'était

1. Ovide, *Métamorphoses*, X, 320.

2. Rien de plus instructif à cet égard que la discussion qui vient d'avoir lieu, en août 1909, à Nancy, au Congrès des Amicales d'instituteurs. Devinat, directeur de l'école normale de la Seine, ayant proposé un vœu qui attribue à « l'école primaire, pour objet essentiel, de pourvoir l'enfant des habitudes et sentiments » qui feront de lui plus tard un honnête homme, Dufrenne, inspecteur de l'enseignement primaire, a répliqué qu'on ne pouvait déterminer quels étaient les bons et les mauvais sentiments ou habitudes, et que, par conséquent, « l'école primaire » ne pouvait avoir « pour objet » que « la culture des facultés de l'enfant ». C'est une motion en ce sens qu'a votée le Congrès.

qu'une dysharmonie temporaire, une nécessité momentanée, une méthode de combat.

Il n'est pas malaisé de démasquer dès maintenant cette dogmatique morale, quelque soin que ses auteurs prennent à la dissimuler : la vérité monte parfois à leurs lèvres de mensonge.

Au congrès d'Amiens, Ferdinand Buisson proclame que « le seul fondement que Jules Ferry, Gambetta, P. Bert, ces premiers organisateurs de l'éducation républicaine, avaient voulu donner à la morale humaine, c'était tout simplement la nature humaine avec ses instincts et ses lois que la science apprend à découvrir (1). »

Malapert écrit : « Le point de départ de la culture morale pratique, nous le prendrons dans la nature même. La moralité nous apparaît à tous comme constituant le fond même de l'homme. D'où cette conséquence : la méthode qui s'impose à nous sera

Cela signifie que l'école doit être neutre au point de vue moral comme au point de vue religieux, autrement dit qu'elle ne doit pas plus enseigner la morale que la religion : l'enfant devra se faire lui-même sa morale comme sa religion. Mais il ne peut les édifier qu'en fonction du système d'idées dont il a été impérativement pourvu par l'école. Or il y reçoit une culture intellectuelle qui limite aux choses de la nature son horizon mental : prisonnier de cette culture, il est prédéterminé à en dégager la religion et la morale naturalistes qu'elle implique.

1. *Bulletin de l'Association des anciens élèves de l'École normale de la Seine*, novembre 1901, p. 47-49.

toute pénétrée et comme faite de confiance en la vertu de la liberté (1). »

L'instituteur Dufrenne, rapporteur des vœux du Congrès des Amicales de 1900, s'écrie : « Nous avouons plus volontiers pour nos pères spirituels Epicure et Marc-Aurèle que les maîtres de la scolastique (2). Dans la *Revue de l'Enseignement* (3), il s'exprime ainsi : « Nous aimons la vie. Disons mieux : nous en avons le culte parce que nous savons qu'elle est notre tout et qu'il n'y a rien après elle. »

« Ne comptons pas sur une prétendue puissance supérieure pour faire notre bonheur. Faisons nous-mêmes notre bonheur », conseillent les instituteurs Chauvelon et Franchet (4).

Le député Paul Meunier traduit ces idées en termes plus nets dans son discours à la distribution des prix des enfants ayant obtenu le certificat d'études : « Jeunes gens, jeunes filles, amusez-vous, procurez-vous du plaisir ; n'écoutez pas les

1. Rapport sur l'éducation morale à l'école primaire, publié par *la Revue politique et parlementaire*, 10 septembre 1901, p. 585.

2. *Bulletin des anciens élèves de l'École normale de la Seine*, mars 1900.

3. Avril 1905.

4. *Philosophie du petit citoyen*, Cours de morale pour les enfants de onze à quatorze ans, dans *la Revue de l'Enseignement primaire*, 15 et 22 janvier 1905.

enseignements des hommes noirs; ce sont des rabat-joie (1). »

Mais les gens du peuple, lorsqu'ils y voient clair, s'expriment avec encore plus d'énergique vérité. Un facteur rural de l'Aube, que le maire menace de faire révoquer s'il n'envoie ses enfants à l'école communale, réplique : « Ils n'iront pas, car je ne veux pas qu'ils soient élevés comme des cochons (2). »

Concluons.

La neutralité de l'école obligatoire est hostile à la religion, puisque, excluant la religion de l'enseignement, elle lui attribue moins de valeur qu'à savoir lire, écrire et compter : affirmer la neutralité, c'est déjà en sortir. Bien plus : la pratique en est impossible au moins dans l'enseignement de l'histoire, soit que l'on omette les bienfaits de la religion, soit qu'on lui attribue des méfaits, soit que l'on formule de malveillants commentaires. Et précisément les maîtres de l'école neutre déclarent que neutralité signifie antireligion, et que l'école ne doit pas seulement combattre les dogmes traditionnels, mais enseigner le dogme laïque. Ce qu'ils en expriment constitue une divi-

1. *La Croix de l'Aube*, cité par *la Réplique d'Indre-et-Loire*, 21 août 1907.

2. *La Réplique d'Indre-et-Loire*, 21 août 1907.

nisation de la science de la nature, des forces naturelles et de l'État : par là, la science est altérée, et l'homme abaissé à l'égard des choses qu'il devrait s'asservir et de la puissance publique qui ne devrait que le servir.

L'État, devenu le dispensateur de toute culture intellectuelle et morale, la tournera tout entière vers son utilité qui est d'affermir son règne toujours davantage. On nous présente l'État comme ayant pour « fin, l'épanouissement de la vie sociale », qui est « sa fin propre, parfaitement capable de fournir à l'activité des individus un idéal et une règle (1) ». On nous le décrit comme étant « l'organe réel, concret, nécessaire, de la vie collective (2) ». Et l'on ajoute que « la morale », ayant « un caractère de nécessité sociale absolument évident », est, « par là » même, « une chose d'État (3) ». Or, nous avons vu « comment le maître laïque, parlant au nom de l'État », sait « remplir son rôle (4) » en cette matière. La morale qu'il enseigne est une morale laïque : areligieuse au début, elle devient très vite antireligieuse. Ses insuffisances sont telles que ses théoriciens ne

1. Croiset, *l'Enseignement laïque de la morale*, dans la *Revue du Mois*, 10 janvier 1906, p. 25.
2. Croiset, *ibid.*
3. P. 28, 29.
4. P. 35.

cessent d'en chercher une nouvelle formule. Toutes ces morales ont ce caractère commun que, même si elles étaient théoriquement justifiées, elles ne seraient pas promotrices de l'action, et que, tout en tâchant à s'édifier hors du christianisme, elles continuent de recueillir quelques parcelles de son enseignement; mais il leur est autant impossible de vivre hors de l'Église qu'à une branche de vivre arrachée du tronc. Ces inutiles efforts marquent une période de transition au cours de laquelle la conscience morale chrétienne se désagrège, tandis que, spontanément et d'une manière inavouée, s'édifie la seule morale adéquate à la conscience laïque, la véritable morale indépendante, scientifique, naturelle, humaine, celle de la nature humaine déchue, celle des plus bas instincts.

L'État a un intérêt pressant à ce que s'effectue ce retour au culte des inspirations inférieures ; les passions tarissent la vie de l'âme, obscurcissent la pensée, détruisent l'énergie, font les individus plus asservissables. L'unique barrière qu'il reste alors à opposer aux plus brutaux des appétits est celle de la loi, de l'arbitraire volonté du prince, qui seule dispose de la force. La légalité exprime la moralité qui devient purement extérieure. L'intérêt de l'État peut tout imposer par contrainte aux individus. La subordination complète des âmes et des corps à la puissance séculière est désormais possible. La Cité antique peut renaître : elle a son peuple d'esclaves.

Ces recherches théoriques sur les idées de neutralité et de laïcité scolaires, sur la façon dont elles sont comprises par leurs promoteurs, sur leurs conséquences scientifiques, religieuses et morales, ne sauraient suffire à qualifier l'école officielle. Il importe de connaître les hommes qui l'ont fondée et les sources de leur inspiration.

CHAPITRE II

LES FONDATEURS

JULES FERRY ET LA FRANC-MAÇONNERIE
F. BUISSON ET LE PROTESTANTISME
L'ORGANISATEUR PÉDAGOGIQUE : FÉLIX PÉCAUT

I

FERRY

Jules Ferry a attaché son nom à la législation scolaire de la IIIe République. L'école laïque devait être neutre, c'est-à-dire respectueuse de toutes les croyances. On la définissait donc d'une manière équivoque, puisqu'il est pratiquement impossible de respecter les contraires, catholicisme et protestantisme, déisme et athéisme : en présence des faits, l'on est contraint de prendre parti, et c'est déjà prendre parti que les taire ou que les dire sans les juger.

La duplicité de Ferry ressort plus manifestement

de ce que, passant Dieu sous silence dans la loi, il insérait les devoirs envers Dieu dans les décrets réglementant les programmes. Il donnait aux athées complète satisfaction en posant un principe d'exclusion qui dominerait tout le développement de la législation, et il pouvait victorieusement opposer ses programmes à ceux qui lui reprochaient d'instituer l'école athée. Le grand public devait être dupe de ce jeu.

L'insertion, dans les programmes, des devoirs envers Dieu n'était pas seulement une habile manœuvre : loin de constituer pour la croyance spiritualiste une garantie, elle renfermait pour elle un danger, car la notion de Dieu, n'étant définie ni par une religion, ni par une philosophie, devait devenir la proie des publicistes, politiciens, penseurs primaires et instituteurs, à moins que ces derniers, dociles à comprendre ce que l'Administration disait à demi-mot, ne s'abstinssent complètement d'enseigner cet article du programme scolaire.

Que cet article constituât moins qu'une garantie, des paroles autorisées n'allaient pas tarder à le faire savoir. Dès 1886, au Sénat (1), Goblet se déclarait partisan d'un spiritualisme fondé « sur la conscience universelle, et non pas sur le sur-

1. Séance du 6 février.

naturel et la révélation », ce que l'ancien rapporteur de la loi scolaire, Ferrouillat, avait exprimé, deux jours plus tôt, en disant qu'il était un adepte du « Dieu de la philosophie, de la raison, des braves gens, de la religion naturelle, la religion du Vicaire Savoyard », et que « le Dieu des programmes n'était pas le Dieu des congréganistes ». Le déisme scolaire n'était donc présenté comme possible qu'à la condition de n'être pas chrétien ; Dieu devenait une armure de combat ; la croyance en Dieu était utilisée contre l'Église. Aussi devait-on finir par estimer qu'il serait « désirable, à l'école primaire, de remplacer le chapitre concernant les devoirs envers Dieu par un bon résumé historique des croyances religieuses régnantes (1) » ; l'instituteur qui exprimait ce vœu invitait ses collègues à s'inspirer des leçons du pasteur Albert Réville, historien des religions. Si cette opinion se généralisait en 1893, elle avait été émise dès 1882 par un philosophe protestant, Pillon (2), qui demandait déjà « que l'histoire religieuse entrât à l'école populaire comme partie essentielle de l'histoire », parce que, « à cette condition », serait « réalisée complètement la vraie laïcité, la laïcité positive de l'éducation ».

1. Gillotin, *Echo de l'enseignement primaire*, 1893, p. 259.
2. *Critique religieuse*, 1882, p. 95.

C'était d'ailleurs au temps de la naissance même de l'école laïque, en 1882, que l'on pouvait entendre dire, dans un discours de distribution de prix des écoles primaires : « Jeunes citoyens et jeunes citoyennes, on a dit que nous avions chassé Dieu de l'école; c'est une erreur : on ne peut chasser que ce qui existe; or Dieu n'existe pas (1). » De semblables paroles étaient alors exceptionnellement prononcées. Leur imprudence, et non leur impudence, les condamnait. Car, dans le même temps, J. Ferry déclarait à la tribune du Sénat que, « si un instituteur public s'oubliait assez pour instituer dans son école un enseignement hostile, outrageant, contre les croyances religieuses de n'importe qui, il serait aussi rapidement et aussi sévèrement réprimé que s'il avait commis le méfait de battre ses élèves (2) ». Un tel instituteur, à ce moment-là, se fût en effet « oublié » : il eût jeté trop tôt le masque; il eût fâcheusement découvert ses inspirateurs. Il faut attendre vingt-sept ans pour que *la Lanterne* (3) explique que, si Ferry tenait ce langage, c'est qu' « il était *politique* à ce moment de ne rien brusquer ».

Mais l'évolution s'était faite d'elle-même dans

1. Cité par Goyau, *l'École d'aujourd'hui,* I, 30.
2. Cité par *l'Écho de Paris,* 4 février 1909.
3. 3 février 1909.

cet intervalle de temps. Nous verrons que Ferry était le porte-parole de la F.·. M.·. et du protestantisme libéral, c'est-à-dire d'athéistes ou panthéistes qui se dissimulaient, les uns derrière la croyance au Grand Architecte de l'univers, les autres derrière l'affirmation du divin et de la nécessité d'une religion intérieure. On comprendra dès lors que l'école, arrachée à toute affirmation de religion positive et à toute affirmation positive de Dieu, devait aboutir rapidement à la négation explicite de toute religion surnaturelle et du Dieu personnel et transcendant. C'est aux approches de 1900 que sont tombés les derniers voiles. On se sentait désormais assez fort pour n'avoir plus recours aux faux-fuyants opportuns, aux prétextes dilatoires, aux mauvaises raisons. Il ne fut plus question que de « laïciser la laïque », formule qu'emploient alors à satiété le grand journal libre penseur *la Raison* et des revues d'instituteurs comme *l'École nouvelle,* et qu'expriment fréquemment les vœux émis par les Congrès et Associations de primaires.

L'équivoque des origines avait été nécessaire pour gagner du temps, et il avait été nécessaire de gagner du temps pour gagner des disciples ; en vingt ans on avait formé une série de générations progressivement éloignées d'abord d'une religion positive, puis d'un spiritualisme positif, et enfin même d'un scepticisme indifférent. On avait grossi le nombre des adultes acquis à un athéisme militant au point que l'on pouvait espérer qu'il serait impossible aux chrétiens d'opposer à cette armée une résistance efficace. La méthode progressive des francs-maçons conduits par J. Ferry, la méthode progressive de son principal lieutenant, F. Buisson, qualifiée de « *si éminemment protestante* » par Sabatier, doyen de la Faculté de théologie protestante, avait porté ses fruits.

L'habileté malhonnête, avec laquelle Ferry a traité les rapports de la croyance en Dieu et de l'enseignement à l'école laïque, n'a d'égale que celle avec laquelle il a réglé les rapports de cet enseignement et de la morale.

Dans sa lettre circulaire aux instituteurs, le 17 novembre 1883, il considérait « l'éducation morale » des enfants comme leur « mission » et, parmi leurs « diverses obligations, celle assurément qui » leur « tient le plus au cœur ». C'était séparer absolument la religion de la morale, envisager comme inutile à la morale cette religion qui se déclare et que tous les croyants déclarent liée à la morale indissolublement. Il ouvrait ainsi lui-même le conflit, mais il le présentait comme une équitable répartition des tâches : « la loi du 28 mars », respectueuse des croyances, « met en dehors du programme obligatoire l'enseignement de tout dogme particulier », et « elle y place au premier rang l'enseignement moral ». Par là, « le législateur » atteint « le premier objet » qu'il s'est proposé, « séparer l'école de l'Église » et, par suite, « assurer la liberté de conscience et des maîtres et des élèves ». Il sous-entendait donc que la liberté de conscience consiste dans le divorce entre la conscience et l'Église, dans l'union entre la conscience et une école qui, divorcée d'avec l'Église, est devenue elle-même une église et une contre-église. Les « croyances sont personnelles, libres et variables » ; la morale ressortit aux « connaissances communes et indispensables à tous ». C'est pourquoi, « en dispensant » l'instituteur « de l'enseignement religieux, on n'a pas songé à le décharger de l'enseignement moral ; ç'eût été lui enlever ce qui fait la dignité de sa profession », autrement dit ce qui constitue son sacerdoce de prêtre laïque. Et quand Ferry traitait de façon concrète de l'exercice de ce sacerdoce, il s'exprimait ainsi : « Vous avez parlé aux enfants, par exemple, du respect de la loi... » C'est que la loi civile exprime désormais la morale, et que l'instituteur, prêtre laïque, est prêtre d'État.

Mais nous avons dû lire entre les lignes et commenter une pensée habilement jetée entre les lignes. Ferry devait, sans compromettre son œuvre, se faire entendre des initiés. Des complices, comme Lichtenberger, pouvaient aggraver l'équivoque en écrivant qu' « il n'y a ni antagonisme ni incompatibilité entre les deux enseignements de la morale laïque et de la morale confessionnelle (1) ». Des instituteurs n'allaient pas tarder à traduire la pensée secrète du maître ; ils écrivaient : « Le prêtre est devenu impropre à l'enseignement moral (2). » « Il est urgent, dans l'état de notre législation, *qui proclame la neutralité religieuse*, de démontrer que l'homme a en lui la source de toute morale, car nous ne pouvons enseigner qu'elle nous est révélée de Dieu (3). »

Ferry était donc animé par une pensée qu'il dissimulait de son mieux : « La grande pensée de J. Ferry » était « de séculariser l'éducation nationale, de l'arracher à la tutelle tyrannique et périmée tout ensemble d'une Église infaillible et impuissante (4) ».

L'école n'était qu'une machine de guerre.

Aussi bien ne faut-il voir en Ferry que le porte-parole d'une puissante Société secrète.

« Ce sont les meilleurs des membres de la Franc-Maçonnerie, les P. Bert, les Floquet, les J. Ferry,

1. *L'éducation morale dans les écoles primaires*, p. 118.
2. *La Tribune des instituteurs*, 15 septembre 1886.
3. *Id.*, 15 août 1886.
4. Sabatier, doyen de la Faculté de théologie protestante de Paris. *Journal de Genève*, 27 septembre 1896.

qui ont été les promoteurs des lois scolaires (1). » « La loi sur l'instruction gratuite, laïque et obligatoire est une loi maçonnique; quand elle a été promulguée, il y avait longtemps que la Franc-Maçonnerie l'avait élaborée dans ses ateliers (2). » Et, au Congrès de la Ligue de l'Enseignement tenu au Grand-Orient, le F.·. Jean Macé, sénateur, s'écrie : « Grâce à l'instruction laïque on aura une génération athée. On en fera alors une armée qu'on lancera sur l'Europe. »

C'est en 1875 que Jules Ferry fut reçu franc-maçon par la loge *La Clémente Amitié*. Dès 1879, il préparait la loi sur l'instruction laïque, et un orateur, dans une loge de Marseille, déclarait : « Le F.·. Ferry poursuit une œuvre essentiellement maçonnique (3). » Au Convent de la même année, le F.·. Francolin proclamait : « Nous sommes l'avant-garde de l'éducation laïque et républicaine ; partout où il y a un enfant, partout où il y a une école, on trouvera la main du franc-maçon; la Maç.·. et l'Éducation sont une seule et même

1. Merchior, rapporteur des travaux des loges au Convent de 1895, *Bulletin du Grand-Orient*, août-septembre 1895, p. 172.

2. Discours du F.·. Brunellière à la tenue plénière des loges de Nantes, le 23 avril 1883.

3. *Chaîne d'union*, 1879, p. 217.

chose (1). » De là l'importance attribuée à l'éducation morale par la loi scolaire qui la réserve à l'instituteur. C'est qu'en effet « la Franc-Maçonnerie a une morale particulière : elle exalte ce que le catholicisme condamne, elle condamne ce qu'exalte le catholicisme (2) ».

« La main du franc-maçon » ne pouvait se trouver « partout où il y a une école » que si l'instituteur était franc-maçon. Aussi s'efforçait-on de provoquer l'embauchage maçonnique des instituteurs. « Réjouissons-nous bien vivement lorsque nous voyons *nos* instituteurs venir à nous, car ils sèmeront dans les jeunes cœurs de *nos* enfants les saines doctrines maçonniques qu'ils seront venus puiser dans nos temples. Appelons dans nos ateliers le plus d'instituteurs possible (3). » Grâce à ce personnel payé par l'État, « la Franc-Maçonnerie surveille avec un soin jaloux le fonctionnement régulier de *notre* enseignement primaire (4) ».

Remarquons ce langage : *notre* enseignement

1. *Chaîne d'union*, octobre 1879, p. 447.

2. Blatin, *Bulletin du Grand-Orient*, août-septembre 1892, p. 520.

3. *Chaîne d'union*, janvier 1886, p. 10.

4. Merchier, rapporteur des travaux des loges au Convent de 1895, *Bulletin du Grand-Orient*, août-septembre 1895, p. 172.

primaire, *nos* instituteurs, *nos* enfants. Quel aveu ! L'institution scolaire d'État est bien une institution maçonnique. L'instituteur apparaît comme le prêtre extérieur de la Maçonnerie. Il est l'anticuré, comme la Maçonnerie est la contre-Église (1).

Les instituteurs ont répondu à ces appels. Il suffit de consulter le *Répertoire maçonnique* récemment publié pour se rendre compte du nombre considérable de maîtres d'école appartenant à la Fr.·. Maç.·. Je tiens d'un instituteur parisien que presque tous ses collègues sont francs-maçons; n'étant pas affilié, il ne reçoit ni l'avancement, ni aucun des avantages accordés à ses collègues; ceux-ci l'ont d'ailleurs assuré qu'il n'obtiendrait rien de l'Administration s'il n'entrait dans la

1. Déclarations faites par des Francs-Maçons contemporains (citées par Copin-Albancelli, *la Conjuration juive*, p. 101) : « La Franc-Maçonnerie est la contre-Eglise... Entre la Maçonnerie et l'Eglise, c'est une guerre à mort, sans merci... Il faut écraser l'infâme, et l'infâme, c'est Dieu... » Copin-Albancelli ajoute : « Le Pouvoir occulte a besoin de porter tout son effort sur l'enseignement, parce que, pour que la génération de demain ne se révolte pas contre lui, il sent la nécessité de lui comprimer le cerveau d'une manière spéciale. Nous voyons les membres des Maçonneries inférieures aller chercher, parmi les instituteurs, les professeurs, les recrues sur lesquelles le Pouvoir occulte sent la nécessité d'opérer ses sélections et d'établir ses suggestions. » (P. 105, 106.)

Maçonnerie. Il n'en est pas moins, de fait, au service de cette dernière, car il professe des idées panthéistes, fait partie de la Libre Pensée, et s'est même rendu à Rome pour assister au Congrès international des Libres Penseurs.

Si l'on parcourt les délibérations des Loges et des Convents, on constate que de nombreux instituteurs, inspecteurs primaires, directeurs d'écoles et d'écoles normales y prennent une part active et que ces discussions ont trait à tout ce qui concerne la vie scolaire : organisation de l'école, contenu des programmes, choix ou confection des manuels, opportunité de la suppression de toute apparence de religiosité spiritualiste, affirmations sur la nature des choses et règle des mœurs qui doivent être substituées à celles que le prêtre enseigne en catéchisant. Non seulement donc la Maçonnerie est à l'origine de l'école laïque, mais elle reste la promotrice de toutes les phases de son évolution. C'est en effet à la suite de ces discussions et du vote de ces vœux qu'interviennent les solutions administratives ou législatives correspondantes. Après avoir créé et dirigé l'école, la Maçonnerie travaille actuellement à créer, pour la diriger ensuite, la post-école. Depuis longtemps, les Ateliers s'occupent, en particulier, de l'œuvre des patronages laïques :

ils l'ont fondée; ils s'occupent activement de la développer.

Pour couvrir son action, la Franc-Maçonnerie use d'associations qui sont ses filiales inavouées (1). Elle attire ainsi dans sa sphère d'influence un nombreux public à qui elle n'entend pas ouvrir ses Ateliers. Le grand tiers-ordre de la Congrégation occulte est la Ligue de l'Enseignement; les frères initiés en fournissent les cadres; ils y attirent le plus grand nombre possible de collaborateurs profanes; des complices, rédacteurs dans les journaux modérés à grand tirage, présentent la Ligue comme une association indépendante et bienfaisante à laquelle doivent aller toutes les sympathies (2). La Ligue compte 1.500.000 adhérents, parmi lesquels 20.000 instituteurs.

Elle n'avoue que son but anticlérical : « Il faut que chaque jour qui s'éteint emporte avec lui les débris

1. « C'est cette pensée qui a inspiré la création de la Ligue de l'Enseignement, des Amicales d'instituteurs. La Franc-Maçonnerie se garde bien de faire savoir qu'elle est l'initiatrice de ces groupes. » (Copin-Albancelli, *la Conspiration juive*, p. 195.) « Le rapporteur de la commission de propagande au Convent de 1893 cite, parmi « les Sociétés créées « par les loges et demeurées sous leur direction morale, les « Sociétés d'instruction, les Deniers des écoles, Caisses des « écoles, Bibliothèques populaires. » (*Idem*, p. 196-197.)

2. Voir, par exemple, un article de Thomas Grimm, dans *le Petit Journal* du 7 octobre 1895.

des croyances mortes (1) », — et sa prétention de régir l'État : « Louis XIV disait : l'État, c'est moi. En République, nous devons dire : l'État, c'est nous (2). » Mais elle est une institution maçonnique : « La Ligue, disait, au Convent de 1898, le F∴ Duvaud, le promoteur des patronages laïques, est une association maçonnique. L'esprit maçonnique y est toujours présent (3). » Il n'est donc surprenant ni que son *Bulletin* avance qu'elle est « responsable des lois scolaires (4) », ni qu'elle constitue une puissance dans l'État : lors de la mort de J. Macé, Challemel-Lacour (5) disait au Sénat que la Ligue de l'Enseignement « a entraîné le Gouvernement et les pouvoirs publics, exercé une action réelle dans la politique intérieure des vingt dernières années » ; et, au Congrès de la Ligue tenu à Tours, en 1884, le pasteur Steeg déclarait : « Jusqu'ici la Ligue a monté à l'assaut du pouvoir, et elle a bien fait ; aujourd'hui elle doit travailler à le garder pour elle. » Le caractère quasi officiel de la Ligue est d'ailleurs très apparent : des ministres, de hauts fonctionnaires en font partie ou participent à ses plus solennelles

1. Jean Macé, *Bulletin de la Ligue de l'Enseignement*, 1894, p. 201.
2. *Idem.*
3. *Compte rendu*, p. 194.
4. *Bulletin de la Ligue*, 1894, p. 489.
5. *Œuvres oratoires*, p. 563.

Atelier où l'on pratique les méthodes éducatives en usage dans les loges : l'école façonne par suggestion d'idée la mentalité des enfants comme la loge façonne par suggestion d'idées la mentalité des adultes.

« Chaque maçon n'est qu'un écho de ce qu'il a entendu » dans sa loge (1). « Le journaliste dans ses articles, le publiciste dans ses écrits, l'auteur dramatique dans ses pièces,... l'instituteur dans ses classes, tous répandent, sous différentes formes, l'enseignement qu'ils ont reçu. L'état d'esprit créé et emmagasiné dans les loges » se répand ainsi au dehors, « et le milieu profane se trouve peu à peu modifié par lui (1) ». Le travail des Ateliers se résout en une action continue sur l'esprit des initiés qu'il modifie, qu'il transforme d'après un certain modèle, en substituant des façons de sentir, penser et agir maçonniques à des façons de sentir, penser et agir profanes. La Franc-Maçonnerie « est un organisme d'éducation (2) ». Grâce à son personnel d'instituteurs, elle fait agir sur le eune monde profane des « influences individuelles soigneusement couvertes (3) »; les instituteurs,

1. Copin-Albancelli, *la Conjuration juive*, p. 180.
1. Copin-Albancelli, *la Conjuration juive*, p. 173.
2. *Idem*, p. 63.
3. « Une sommation officielle venant de la Maçonnerie est vouée à l'avortement. Il faut tout différemment user

« seuls, peuvent, *sans éveiller de dangeureuse opposition*, répandre, faire pénétrer nos idées et nos principes, semence féconde entre leurs mains, pour faire naître une génération nouvelle (4) ».

L'institution scolaire, faisant œuvre d'éducation, est, par nature, éminemment propre à servir de champ d'action à la Maçonnerie. Les loges sont une école maçonnique à l'usage des adultes. L'école devient, entre les mains des adultes maçons qui y professent, la loge à l'usage des enfants ; les petits chrétiens y sont éduqués par les prêtres maçons. A l'école primaire, comme au lycée, on suggère à l'élève des sentiments, on lui façonne un état d'esprit qui le rend pour le moins accessible à certaines croyances et réfractaire à certaines autres. Dans l'enseignement d'État, les éducateurs des enfants sont des éduqués de la Maçonnerie ; ceux qui n'appartiennent pas à la Société secrète sont encadrés, surveillés par les initiés, et leur avenir professionnel reste aux mains d'une direction acquise à la Maçonnerie.

d'influences individuelles soigneusement couvertes. » (*Revue Maçonnique*, passage cité par Copin-Albancelli, *la Conjuration juive*, p. 66.)

4. Discours du F.·. Crescent, professeur d'Université et membre du Conseil de l'Ordre du Grand-Orient, lors de l'installation de la loge de Thonon (*Compte rendu des travaux du Grand-Orient*, septembre-décembre 1900, p. 54. Cité par le *Répertoire maçonnique*, préface, page I).

Les enfants des familles chrétiennes sont ainsi, à l'insu de celles-ci, livrés à leurs pires ennemis. L'œuvre de ces maîtres d'antichristianisme est d'abord négative : ils écartent de l'âme de leurs élèves toute influence chrétienne; puis, après l'avoir vidée de son contenu religieux, ils l'emplissent, à toute occasion spontanée ou provoquée, de la haine de l'Église. Aussi transforment-ils leurs élèves, toujours et pour le moins, en étrangers à la pensée chrétienne, souvent et autant qu'ils le peuvent, en ennemis de cette pensée. L'adolescent, l'homme ne trouveront plus jamais en eux-mêmes aucun élément de commun avec le système d'idées, de sentiments, de volitions, d'idéals, que le christianisme inspire. Ils seront hors de l'Église. Ce que les initiés expriment devant les profanes en disant que le peuple, par « l'enseignement de nos écoles », est « délivré des servitudes de l'ignorance (1) ».

Cette œuvre éducative ne peut être menée à bien que si l'on s'adapte opportunément aux circonstances. Une offensive ouverte et prématurée peut compromettre le succès de l'entreprise. On agira avec toute la lenteur nécessaire pour ne pas provoquer de réaction funeste. De là l'emploi des

1. Fallières, Message adressé au Parlement après son élection à la présidence de la République.

Mais il était alors nécessaire de paraître se battre contre des moulins à vent ; on mobilisait les troupes que l'on devait jeter contre le véritable adversaire. Dès cette époque, les initiés savaient le sens caché des mots : « La distinction entre le catholicisme et le cléricalisme est purement officielle, subtile, pour les besoins de la tribune ; mais ici, en loge, disons-le hautement pour la vérité, le catholicisme et le cléricalisme ne font qu'un (1). »

Bientôt, le vague spiritualisme qu'exprimait le mot de Grand Architecte de l'univers était traité comme le catholicisme lui-même, sous l'influence de ce « même esprit qui guidait nos pères », lorsqu'ils imaginèrent ce « vocable » alors nécessaire pour « grouper » les « déistes » qui seuls se rencontraient « dans le monde philosophique »; mais maintenant que « les doctrines naturalistes, positivistes et athées » ont pris « dans le domaine philosophique une place chaque jour plus considérable, la vieille formule du Grand Architecte est devenue une formule dont la suppression s'imposait (2) ». Autrement dit : une formule athéistique n'aurait autrefois obtenu aucun succès ; au

1. Courdaveaux, professeur à la Faculté des Lettres de Douai *Chaîne d'union*, juillet 1880, p. 199.

2. Blatin, Discours à la Conférence maçonnique universelle d'Anvers, le 22 juillet 1894, *Bulletin du Grand-Orient*, mai 1895, p. 70, 71.

contraire, le déisme indépendant de toute religion positive a réussi, sous le patronage de la Maçonnerie et grâce à la puissance éducatrice de cette société progressivement déformatrice, à faire franchir une étape vers la négation de Dieu. Devenu inutile, il est rejeté comme également devenu dangereux.

Ce procédé des bonds successifs en avant, la Maçonnerie l'a appliqué à la politique comme à la morale et à la religion. De même que le déisme a servi à couvrir sa marche vers l'athéisme, de même que les principes de 89 servent à dissimuler sa marche vers le despotisme matériel et intellectuel de l'État-Église, de même aussi la neutralité de l'école a permis, en faisant paraître acceptable l'école laïque, de préparer les voies à l'école ouvertement athée. L'évolution de la morale enseignée à l'école s'est en effet effectuée parallèlement à l'évolution de la dogmatique, plus ou moins ouvertement anticatholique et naturaliste, qui y était enseignée. Les devoirs envers Dieu étaient inscrits au programme d'études de 1882 : la prescription contre eux a été rapidement acquise. On avait commencé par ignorer le christianisme : on en est promptement venu à ne le faire connaître que pour le faire détester. On s'attache à le défigurer pour mieux provoquer à le haïr; on écrit par exemple : « Tandis que le prêtre enseignera qu'il faut se mépriser soi-même (*Catéchisme* du diocèse de Nevers, p. 87), nous inspirerons aux jeunes gens un grand souci de leur dignité (1), » — pure opposition de mots et artificiellement imaginée : le prêtre, en nous apprenant à mépriser notre nature inférieure, nous apprend par là même à toujours nous préoccuper de notre dignité. Avec la même incompréhension inconsciente ou voulue, Payot dénonce « la conception impie du travail considéré comme châtiment (2) », alors que, seul, le travail pénible, fait *à la sueur de notre front*, est ce par quoi nous sommes châtiés.

On le voit, ce qui fait la force de la politique anticatholique et, plus particulièrement, de la politique scolaire, c'est qu'elle exprime l'action cachée, mais réfléchie et constante, d'une puissance collective. Cette association joue le rôle d'une contre-Église. Elle a la permanence, la durée qui permet la continuité dans l'effort, la prévision, le calcul, l'élaboration des lois et la préparation du plan de campagne propre à en faire aboutir le vote avec l'inconsciente complicité d'une opinion publique pervertie. Démasquer l'action de la secte,

1. Bonsens, instituteur, *A propos de la discipline*, p. 39.
2. *Aux instituteurs et aux institutrices*, p. 75.

par des interprétations subtiles l'entreprise d'intoxication intellectuelle et de perversion morale qu'il poursuivait par l'école; nul mieux que lui n'a su dérober sous d'ingénieux commentaires le caractère véritable de la laïcisation.

Dès le commencement, sa pensée est que « la République sera demain ce que l'école est aujourd'hui (1) », et qu'ainsi il faut faire de l'école le foyer de culture de générations entièrement dévouées à l'État, recevant de lui seul le pain de l'intelligence, les impulsions du sentiment et la règle de la volonté. Il s'agit de détacher l'enfant, et par suite l'adulte, de la grande puissance d'indépendance et de critique à l'égard des pouvoirs humains, l'Église, et, à mesure qu'on l'en détache, de le rattacher complètement et de le subordonner définitivement à la Loi séculière. Aussi se dépense-t-il en mille efforts prudents pour bien assurer qu'il ne s'agit que de respecter toutes les croyances en enseignant officiellement cela seul qui leur est commun. Pendant plus de dix ans, il développe cette pensée que « le prêtre et le catéchisme ne sont ni bannis, ni gênés; que, s'ils ne règnent plus dans l'école, ils règnent toujours à l'église (2) ». Il s'indigne d'entendre parler d'école

1. *Revue d'enseignement*, 25 février 1906.
2. *Revue pédagogique*, 1892, I, 368.

sans Dieu : « Est-il un seul de nos programmes d'où l'idée de Dieu soit absente? En est-il un qui, de près ou de loin, par omission ou autrement, permette à un honnête homme de dire que l'école laïque est l'école sans Dieu ? » M. Buisson est trop honnête homme pour le dire. Il concède bien « que nous avons établi l'école sans prêtre », ou « encore que c'est l'école sans catéchisme » ; mais, en vérité, « aller au delà, c'est abuser des mots (1) ».

Cette émouvante protestation de 1892 devait être des dernières. M. Buisson ne tarde pas à « aller au delà ».

En 1901, il assure qu' « à force de mesurer son idéal à l'idéal qu'on lui oppose, l'instituteur s'aperçoit avec joie, avec reconnaissance, de la supériorité de la conception laïque sur toutes les autres (2) ». Il y a donc opposition, conflit, contradiction entre l'idéal de l'école et l'idéal des écoliers et de leurs familles.

En 1903, à la Chambre des députés (3), il affirme qu'il « n'entend nullement faire la guerre à l'idée religieuse », mais seulement « combattre l'idée ecclésiastique, l'organisation cléricale, la tyrannie

1. *Revue pédagogique*, 1882, I, 368.
2. *Manuel général de l'instruction primaire*, 23 mars 1901.
3. Discours inséré dans le *Bulletin de l'Association amicale des anciens élèves de l'École normale de la Seine*, mars 1903, p. 171.

cléricale, ce qui, sous prétexte de religion, perpétue les superstitions, les préjugés et les fanatismes », constitue « une véritable entreprise d'abêtissement », une « habile et redoutable organisation d'un fétichisme qu'il faut, à tout prix, extirper de la terre de France ». Sauf cela, « nous ne menaçons la liberté d'aucune conscience humaine ». « Nous », c'est-à-dire M. Buisson et les siens, combattons d'autant moins la religion que « tout ce qu'il y a de bon et de vivant, d'humain et, par conséquent, de précieux dans les religions du passé, nous l'avons gardé intégralement », et c'est cela qui constitue « l'éducation que nous donnons à l'enfant du peuple dans l'école primaire ». Il apparaît donc bien que l'on éduque cet enfant dans une religion nouvelle, qui ne tient à la religion du passé que par ce qu'il a plu à M. Buisson et à ses amis d'en garder. Mais, comme deux religions s'opposent toujours, il faut donc conclure que « l'enfant du peuple », élevé à « l'école primaire », dans la religion de M. Buisson, n'est pas élevé dans sa religion qui est la religion de sa famille, de ses ancêtres, de son pays, mais dans une religion nouvelle qui est celle de M. Buisson et qui hait la première.

Au Congrès d'Amiens, nouvelles précisions : « Le grand principe sur lequel J. Ferry, Gambetta, P. Bert ont fondé l'école laïque, c'est le principe de la morale indépendante du dogme, antérieure et supérieure à tous les catéchismes qui ont la folle prétention de lui donner un fondement métaphysique (1). » A la « folle prétention » des catéchismes, l'école laïque oppose « la morale comme une discipline purement humaine, sans rien retenir, ni des formes religieuses traditionnelles, ni des données théologiques ou même métaphysiques (2) » ; puis elle oppose « l'affirmation du relativisme et de l'évolutionisme, rejette l'absolu du dogmatisme chrétien, se résigne à être la règle mobile d'un être mobile, un produit naturel de l'évolution d'un être fait pour évoluer (3) ». Mais on entend bien, et l'on sous-entend, qu'au terme de cette évolution la règle cessera d'être mobile, et le sujet de cette règle, d'évoluer : une époque critique, comme disait Auguste Comte, succède à une époque organique et en prépare une autre ; nous n'échappons à un dogmatisme absolu que pour marcher vers un autre dogmatisme absolu qui nous guette. M. Buisson nous prépare à l'accepter. Aussi fait-il prêcher aux enfants le scepticisme à

1. *Bulletin de l'Association des anciens élèves de l'Ecole normale de la Seine*, novembre 1904, p. 47.

2. Article de Buisson dans *l'Action nationale*, cité par *le Bulletin de la Semaine*, 16 décembre 1908.

3. *Bulletin de l'Association des anciens élèves de l'École normale de la Seine*, novembre 1904, p. 49.

l'égard des certitudes présentes ; il les désarme ; c'est ce qu'il appelle aiguiser leur sens critique et leur apprendre à douter ; mais leur critique est dirigée uniquement dans un certain sens ; on se garde bien de les exercer à douter des nouvelles certitudes qu'on leur impose. On les déshabille de leur âme et on la leur vole. Mais il y a la manière, et M. Buisson a la manière de dire, et de taire, et de faire.

Et voici les conséquences de cette « séparation de l'école et de l'Église » (car enfin c'était bien de l'Église qu'il s'agissait de séparer l'école!) : elle a conduit à « la séparation de l'Église et de l'État. C'est après avoir vu vingt ans pratiquer dans la petite cité scolaire le régime de la laïcité intégrale qu'on s'est décidé à l'appliquer à la cité des hommes : il eût été étrange que l'État supprimât la religion dans l'enseignement public des enfants, s'il continuait à la considérer pour les adultes comme un service public (1). »

On ne sera pas surpris que M. Buisson, dont l'ardeur de prosélytisme est sans limites, ait franchi le détroit pour porter en Angleterre, où la lutte contre l'école confessionnelle est ouverte, ses onctueux sophismes et ses hypocrites para-

1. Article de Buisson dans *l'Action nationale*, cité par *le Bulletin de la Semaine*, 16 décembre 1908.

doxes(1). N'a-t-il pas, dès 1904, préfacé une brochure, *l'Idée de Dieu et l'éducation rationnelle*, où l'auteur, Alfred Moulet, professeur à l'école normale de Lyon, réclame l'école *sans* Dieu ?

Aussi bien sommes-nous fixés sur la religion de M. Buisson. En 1892, nous l'avons vu, il écrivait encore : « Est-il un seul de nos programmes d'où l'idée de Dieu soit absente? Dites, si vous voulez, que nous avons établi l'école sans prêtre, sans catéchisme. Mais aller au delà, c'est abuser des mots. »

En 1892, M. Buisson n'abusait pas des mots : il en usait; et de telle sorte qu'un public non prévenu, ayant gardé intacte sa foi en la sincérité d'autrui, pût croire que l'école laïque était bien sans catéchisme et sans prêtre, mais n'était pas sans Dieu.. Et Buisson, en 1892, avait intérêt à ce qu'on le crût encore, comme, dix ans plus tôt, Ferry avait intérêt à ce que le plus grand nombre en demeurât convaincu. Le public, qui ignore tant de choses, ignorait, — et la démonstration lui devait en être faite par Buisson lui-même et par les événements, — qu'une école sans catéchisme et sans prêtre est nécessairement une école sans Dieu, et que les protagonistes de l'école laïque, s'ils lui disaient ce qu'était, ou semblait être, l'école, ne lui disaient

1. Voir *l'Action française*, 31 janvier 1909.

pas qu'elle était un devenir ni vers quels destins ils orientaient son évolution.

Mais, de même que Ferry était le porte-parole de la Maçonnerie, Buisson était le porte-parole du protestantisme. Connaître Buisson à partir de 1880 permet de le définir surtout en fonction de la Franc-Maçonnerie et de la Libre Pensée ; mais connaître le Buisson des douze ou quinze années précédentes permet de déterminer ses véritables attaches et de le définir en fonction de l'Église dite Réformée.

Aux approches de 1870, dans le canton suisse de Neufchâtel, un professeur calviniste, Ferdinand Buisson, et deux pasteurs calvinistes, Steeg et Pécaut, réformant une fois de plus l'Église Réformée, fondaient une confession protestante libérale et ouvraient un temple pour y enseigner cette nouvelle variation des Églises protestantes.

Ils prêchaient une religion sans dogmes et sans clergé. Du christianisme ils retenaient des habitudes de langage : la foi, la vie de l'âme, le bien, l'idéal, Jésus, la paix et la repentance, l'activité spirituelle, la religion de l'esprit. Du protestantisme ils gardaient l'essence qui est la haine du catholicisme, la pratique d'un prétendu libre examen, et un dynamisme évolutif qui est un processus toujours plus rapide de plus complète dissolution.

Leur christianisme était la dernière étape du protestantisme dans sa marche traditionnelle et régressive vers un panthéisme mal défini. Ils étaient donc, dans la forme et dans le fond, dans ce qu'ils enseignaient à aimer et à haïr, dans leur activité positive et négative, ardemment et rigoureusement protestants, plus orthodoxes que les orthodoxes qui, prétendant fixer un moment de la pensée protestante, méconnaissent, avec les origines et les fins de cette religion, son histoire.

L'œuvre de Pécaut, Steeg et Buisson jouait, par rapport au *Credo* protestant, le rôle d'un véritable modernisme. Elle vidait définitivement le protestantisme de tout ce qui lui restait de contenu positif, tout en conservant ses formes, de même que le modernisme catholique est une tentative pour évacuer du catholicisme, à l'abri de son écorce hiérarchique et rituelle, toute sa substance dogmatique, la moëlle de sa pensée, l'âme qui fait sa vie.

Le libre examen des protestants libéraux était, à ce moment de son évolution, si voisin de la libre pensée athéistique ou monistique qu'il était sur le point de se confondre avec elle. Il n'en était séparé que par l'origine historique et des habitudes de.

langage. Une telle religion, débarrassée de tout ce qui pouvait l'exprimer, n'était plus qu'un pur sentiment, une vague religiosité, un état d'esprit indéfinissable et évanouissant. Les libres penseurs ne pouvaient qu'accueillir une pareille collaboration : loin d'avoir rien à en redouter, ils pouvaient attendre, de la forme conservée de la religion originelle, qu'elle ferait illusion aux âmes peu averties et les duperait plus aisément. Entre une semblable religiosité, procédant d'une lointaine inspiration chrétienne, et la destruction de tout christianisme, de tout spiritualisme, et donc l'instauration du naturalisme le plus complet, du monisme le plus franc, du matérialisme le plus brutal, il n'y avait que l'épaisseur d'une hypocrisie.

Cette hypocrisie intellectuelle, si profondément protestante, ne pouvait que s'accommoder de l'hypocrisie politique, si profondément maçonnique, qui était, en 1880, maîtresse de la France et de ses destinées. Elles avaient le même but négatif : détruire le christianisme ; le même but positif : établir une religion de l'État et une religion naturaliste qui serait une religion d'État.

Les trois pasteurs calvinistes de Neufchâtel furent chargés par J. Ferry d'organiser l'école primaire française. C'est ce triumvirat qui a empoisonné l'âme de la jeunesse de France.

Buisson et Steeg ont exercé une grande influence sur la confection des lois scolaires. Buisson a été, dès l'origine et pour de longues années, directeur de l'enseignement primaire; Steeg, directeur du Musée pédagogique et de l'école de Fontenay. Pécaut, inspecteur général de l'Instruction publique, a réorganisé toutes les écoles normales (1).

Ce qui devait leur permettre d'accomplir plus facilement leur besogne, c'est qu'il ne serait pas question pour eux de conduire les enfants au prêche, mais d'installer le prêche dans l'école. La population scolaire n'était pas destinée à aller grossir le nombre des calvinistes avoués ; mais on entendait que l'esprit des calvinistes deviendrait l'esprit de la jeunesse. La décatholicisation de l'enfance devenait possible sans éveiller les soupçons de la majorité des familles catholiques. Le rapt des âmes se faisait sans que les victimes pussent appeler au secours.

Dès 1865, Steeg marquait qu'il comprenait ainsi l'œuvre de conquête à entreprendre : « Il paraît douteux que nous puissions jamais espérer de voir la France entrer dans les cadres de notre Église, telle qu'elle est actuellement constituée. Mais nous avons quelque chose de mieux à sou-

1. Voir Goyau, *l'Ecole d'aujourd'hui*, I, 71.

haiter : c'est de voir se répandre autour de nous l'esprit protestant (1). »

Semblablement, en 1879, Pécaut écrivait : « L'œuvre de sécularisation morale que les sociétés catholiques n'ont pas accomplie au XVIe siècle par voie de réforme ecclésiastique ou religieuse, les sociétés catholiques tentent de la faire par voie de réforme scolaire (2). »

Quinze ans plus tard, Pécaut souhaitait encore que « la France, sous les auspices de la libre pensée, et non plus de l'autorité dogmatique, retrouvât le sens et la saveur de l'antique tradition chrétienne (3) ».

Dans les sphères philosophiques protestantes on prêchait la protestantisation de la France. Il s'agissait, en reprenant l'œuvre avortée du XVIe siècle, de l'arracher définitivement au papisme : « Pour lutter contre le catholicisme avec l'espoir de vaincre, pour le remplacer dans la fonction d'éducation populaire qu'il remplit, pour lui disputer, pour lui enlever l'empire sur les consciences, il faut une force spirituelle de même genre que la sienne, c'est-à-dire une religion, et vous en avez

1. Steeg, *De la mission du protestantisme dans l'état actuel des esprits*, p. 40.
2. *Études au jour le jour sur l'éducation nationale*, p. VI.
3. *Questions d'éducation nationale*, p. 43 : Rapport d'inspection générale à Spuller, en 1894.

une sous la main », la « Réforme (1) ». « L'avènement d'un roi protestant au trône de France eût été pour notre pays une source de prospérité matérielle et de grandeur morale.

L'abjuration de Henri IV fut un grand malheur. L'obstacle le plus puissant au « relèvement, au salut de la patrie, se trouve dans le catholicisme ». On invite donc « tous les libres penseurs à aller au protestantisme, religion éclairée, progressive, la seule qui puisse se concilier avec notre civilisation moderne ». On déclare avec orgueil que, « les protestants actuels, partout on les rencontre, au Sénat, à la Chambre, plus nombreux que ne le comporte le million de huguenots » français. « Le premier ministère républicain que nous avons eu était composé en majorité de protestants. » Il faut en finir avec « le papisme expirant » ; mais, « pour que notre victoire sur lui ne soit pas pour nous une cause de mort, il faut qu'un nouveau culte le remplace (2) ».

Cette croisade protestante était suivie avec intérêt et encouragée par les nations protestantes voisines. On rectifiait nos frontières spirituelles, en attendant peut-être de rectifier les autres. Les lois Ferry équivalaient à un véritable Sedan moral.

1. Pillon, *Critique religieuse*, 1879, p. 95.
2. Vigne, *Critique religieuse*, 1880, p. 263-267.

Les triumvirs huguenots, auxquels toute l'enfance française, tout l'avenir du pays étaient livrés, se hâtèrent de choisir, parmi leurs coreligionnaires, les principaux de leurs collaborateurs.

Le pasteur Goy, nommé directeur d'école normale, a formé, dit M. Goyau (1), « trois générations d'instituteurs : en Algérie, dans le Tarn, dans la Haute-Garonne ».

Le pasteur Steeg, dans ses fonctions officielles d'éducateur laïque, disait : « Je me sens plus que jamais, à travers tout cela et en tout cela, pasteur protestant (2). »

« Il faut, écrivait Pécaut, que la liquidation des anciennes croyances et méthodes soit plus avancée, que les négations déjà consommées soient connues d'un plus grand nombre (3). »

Le doyen de la Faculté de Théologie protestante, Sabatier, constatait, en 1896 (4), que, si « la grande pensée de J. Ferry de séculariser l'éducation nationale, de l'arracher à la tutelle » de « l'Église, s'est réalisée déjà au point qu'elle est devenue indéracinable de nos lois comme du pays, c'est à MM. Buisson et Pécaut et quelques autres hommes

1. *L'École d'aujourd'hui*, I, 87.
2. *Manuel général de l'enseignement primaire*, 1898, p. 232.
3. *Critique religieuse*, 1879, p. 31.
4. *Journal de Genève*, 27 septembre 1896.

associés à leur œuvre et animés de leur esprit, que certainement on le doit ». Il ajoutait que leur « succès est dû tout entier à la méthode qu'ils ont suivie ». Ils n'ont pas avoué leur but qui était de « transformer la tradition morale de la France ». S'ils avaient combattu visière levée, on eût aussitôt reconnu en eux l'ennemi : ils se sont déclarés respectueux de toutes les convictions. Leur méthode ne consistait pas seulement à dissimuler leurs intentions, mais à n'avancer que lentement, à progresser peu à peu, en évitant cette « violence irrespectueuse de la psychologie et des droits de la conscience » qui « aurait soulevé une telle opposition et rencontré de tels obstacles dans les mœurs populaires que la réaction eût été inévitable, et l'œuvre, reconnue impossible, abandonnée. »

Les catholiques se seraient donc défendus avec succès s'ils avaient pris une brusque et violente offensive : ils auraient démasqué leurs adversaires, ils ne leur auraient pas permis de commencer une œuvre qui ne pouvait aboutir qu'avec le temps. L'épiscopat français ne sut pas, comme l'épiscopat belge, éventer et dénoncer le complot. Il fallait agir : on temporisa. Ce fut la débâcle.

« Que cette méthode pédagogique et progressive » de Buisson et Pécaut, continue le doyen Sabatier, soit « essentiellement une méthode protestante, nous n'en disconviendrons point, et il n'y a pas une seule bonne raison de le celer. L'inspiration morale et pédagogique de » leur « œuvre leur est venue du berceau religieux où leur âme a grandi tout d'abord. C'est la gloire et la force du protestantisme d'enfanter une telle morale et une telle pédagogie. »

Voici un exemple (1) de la vigilance toujours en éveil des protestants en matière scolaire. La création, par l'abbé Soulange-Bodin, d'un patronage pour les enfants des écoles laïques, leur arrache cette exclamation : « Habiles gens, qui créent de telles œuvres... (2) avec les éléments des écoles anticléricales ! » Ce regret : « Législateurs dont la clairvoyance s'est trouvée en défaut ! Ils ont cru qu'au moyen d'une bonne loi ils allaient enlever les jeunes générations populaires à l'influence du prêtre ! » Cette menace : « On peut s'étonner qu'à côté des écoles publiques il n'existe pas encore une organisation capable d'attirer, le jeudi et le dimanche, la population scolaire, au lieu de la laisser accaparer par l'Église. »

La *Revue de Métaphysique et de Morale* (3) ana-

1. Article de Paul Gaufrès, *le Signal*, journal protestant, 7 novembre 1895.

2. L'auteur, voulant réformer sans doute jusqu'à la langue française, ne craint pas d'écrire : « Qui créent de telles œuvres *à la barbe des écoles anticléricales.* »

3. Juillet 1908, p. 13 du Supplément.

lysant un livre de Mme Coignet, la « remercie de rappeler l'attention sur une minorité religieuse qui a joué un si grand rôle dans l'histoire de l'esprit public en France au XIXe siècle. *Ce sont des protestants qui ont surtout contribué à l'organisation, presque à la création, de l'Enseignement primaire d'État.* »

Les pasteurs et, derrière leurs pasteurs, tous les protestants ont donc fait, à partir de la grande crise nationale de 1870, de la politique religieuse militante. Journalistes, conférenciers, politiciens, ils ont concentré sur la question scolaire tous leurs efforts. Contractant avec les francs-maçons une étroite alliance, ils se sont servis de la loi scolaire comme d'un bélier pour faire brêche dans les remparts chrétiens.

Mais on ne serait pas suffisamment éclairé sur l'action exercée par les calvinistes si l'on n'étudiait pas tout spécialement le rôle et la mentalité de celui qui fut le Grand Aumônier de l'école laïque, — le pasteur Félix Pécaut.

III

PÉCAUT

Si Ferry a été le législateur et Buisson le directeur de notre enseignement primaire d'État, Félix Pécaut en a été l'organisateur pédagogique et le directeur de conscience.

L'École normale supérieure de Fontenay-aux-Roses, « la pépinière de nos directrices et de nos professeurs d'Écoles normales de filles (1) », « la grande création protestante de la IIIe République » à laquelle on ne peut « toucher » sans « déranger l'œuvre secrète de rénovation religieuse (2) », est, « essentiellement », « la part de M. Pécaut (3) » dans l'œuvre scolaire de la IIIe République ; elle « restera l'œuvre, disons mieux, le chef-d'œuvre de Pécaut : en s'y mettant tout entier, il l'a marquée d'une empreinte ineffaçable. Son souvenir et son esprit dureront autant que l'institution elle-même (4) ».

1. Discours de F. Buisson sur la tombe de Pécaut, *Indépendant des Basses-Pyrénées*, 5 août 1898.
2. Rémy de Gourmont, *Mercure de France*, avril 1899.
3. Discours de Buisson, *Indépendant des Basses-Pyrénées*.
4. Sabatier, *le Temps*, 2 août 1898.

Pour définir l'esprit de M. Pécaut, il convient de s'adresser d'abord à ses coreligionnaires et ensuite à M. Pécaut lui-même.

D'après le doyen Sabatier (1), Pécaut estimait « que la morale avait un fond religieux et devait avoir même une âme religieuse ». Pas plus que Sabatier lui-même d'ailleurs, il ne cherchait à définir ce « fond religieux » ni cette « âme religieuse »; en l'espèce, définir serait détruire; on dissipe un fantôme en essayant de l'étreindre. Il goûtait si peu les termes précis qu' « il prononçait très rarement le nom de Dieu », employant de préférence « une périphrase pour éviter le sens banal et ne pas paraître sacrifier à une convention mondaine ». On ne saurait imaginer sentiment plus délicat. « Mais l'autel était debout dans le for intérieur de sa conscience, et le culte y était permanent. » Nul n'a pu jamais savoir en l'honneur de qui était dressé l'autel, ni à quoi le culte était rendu, si ce n'est cependant « à quelque chose d'immuable et d'éternel », à la « parenté » et à la « destination divines de l'homme », à « l'ordre universel » avec lequel, en faisant son devoir, chacun est « en accord », et auquel chacun « collabore ». Il avait en ces choses particulièrement vagues une « foi certaine et vive » qui « est la

1. Sabatier, *le Temps*, 2 août 1898.

religion même ». Son « esprit de tolérance philosophique et religieuse » était à ce point « admirable » que « personne n'eut à un plus haut degré le respect de la conscience individuelle »; ainsi, « le premier principe de l'éducation morale » qu'il donnait « était de demander à chacun d'être vrai, vrai avec soi. C'est ce que le maître appelait la probité de l'esprit, la sincérité intellectuelle d'où naît la liberté intérieure. » Nous nous sommes déjà rendu compte de ce qu'étaient la « probité d'esprit » et la « sincérité intellectuelle » de M. Buisson : nous pouvons imaginer facilement ce que devaient être celles de M. Pécaut. N'était-il pas, et c'est M. le doyen Sabatier lui-même qui l'en loue, « d'esprit laïque (1) »?

Ferdinand Buisson, dans sa Préface aux *Pages choisies et Fragments inédits*, de Félix Pécaut, vante « la richesse de cette personne morale qu'on retrouve toujours, à mesure qu'on la connaît davantage, plus profonde et plus admirable », « le mouvement de sa pensée qui ne s'est arrêté qu'avec son dernier souffle », et rend hommage à cet « homme qui a le don de se faire comprendre, en se faisant aimer, dès les premiers mots (2) ».

1. Sabatier, *le Temps*, 2 août 1898.
2. *Idem*, p. v, vi.

La politique et l'enseignement n'étaient pour lui que des moyens d'assurer son prosélytisme de prédicant : « Religion, politique, éducation, ce sont bien trois aspects divers de l'œuvre et de la vie de » Pécaut, « mais, à vrai dire, ils se pénètrent si étroitement qu'au dedans de lui-même ils se confondaient. Pécaut a toujours été une âme religieuse, mais ce qu'il appelait religion, même avant qu'il eût répudié l'orthodoxie et la foi dogmatique, c'était une chose vivante et ailée, la poursuite d'un idéal humain, essentiellement moral et social. » Pécaut était « un homme soucieux avant tout de l'éducation civique et de la formation de la conscience publique, âme de la démocratie (1). »

Ni « le catholicisme » qui « nous a, par force, habitués à nous représenter la religion telle qu'il l'a façonnée ou mutilée », ni « une sorte de poésie mystique qui se perd en beaux rêves et en vagues élans de sentiment, n'est la religion de Félix Pécaut. Il ose dire sans remords, sans scrupule, à l'autorité religieuse, quelle qu'elle soit : Nous ne te connaissons point ; nous avons charge de nous-mêmes. Il fait consister la religion dans la morale, et la morale dans la raison appliquée aux rapports des hommes entre eux. Son idéalisme n'est jamais mystique, jamais non plus à un degré quelconque

1. P. vi, vii.

supranaturaliste. Il réduit toutes ses prescriptions à celle-ci : il faut être homme, le plus homme possible (1). » A quoi l'on parvient à condition de sortir de soi, de l'égoïsme, et de penser par soi, non par procuration.

Bref, Pécaut est « une âme d'élite qui, dans les dernières années, dans ce beau et pénétrant professorat de Fontenay, s'épanouit, large, aimante, généreuse, stimulant les jeunes énergies, semant l'espérance et le courage, donnant à la France tout un personnel d'éducatrices laïques ». Il est « un des plus nobles enfants » de « ce pays (2) ».

Demandons à cette « âme d'élite » de se raconter elle-même.

Le rationalisme du pasteur F. Pécaut l'avait contraint de cesser d'exercer le ministère dans les temples orthodoxes : il niait la divinité du Christ, poussé sans doute « par le sentiment direct et permanent du Divin, par l'absolue dévotion à la vérité », ainsi que son fils qualifie les « dons du caractère et ceux de l'esprit » qui portèrent Félix Pécaut « d'un seul pas à la souveraineté de la Raison niant tout surnaturel (3) ». F. Pécaut dit de lui-même à ce sujet : « Mes idées pourront être

1. P. VII.
2. *Idem*, p. VIII, IX.
3. *Pages choisies et fragments inédits de F. Pécaut*, publiés par son fils, le Dr Elie Pécaut, p. 2.

fausses, hasardées, subversives, mais au moins paraîtront-elles religieuses. J'entends, au jugement des hommes véritablement religieux (1). »

C'est que, désormais, il convient d'entendre par « religieux » l'homme qui n'a pas de religion. Au surplus, il est bien d'autres mots que cette école de dissolution mentale nous contraint de recevoir en un sens qui n'est plus celui où chacun l'entend. Ces ruses du langage sont un procédé de tromperie prudent et nécessaire. Les *libres penseurs religieux* qui y recourent continuent la tradition protestante en employant contre la croyance d'une génération protestante les sophismes dissolvants dont Luther, le premier, fit usage contre le *Credo* chrétien. Ils poursuivent l'évolution du protestantisme jusqu'à l'amener à se fondre dans la religion naturaliste. Pour rendre acceptable ce dogme nouveau contradictoire au dogme surnaturaliste, ils se bornent à conserver les anciennes habitudes de langage : ils parlent toujours de religion, morale, devoir, bonté, amour, Dieu, âme, conscience, mais après avoir vidé de leur moëlle tous ces mots. Plus parfaitement que leurs devanciers, ils sont les « faux prophètes couverts de peaux de brebis, mais, au dedans d'eux-mêmes, loups ravisseurs », — dont parle l'Évangile. Au surplus, on se

1. P. 3.

condamnerait à ne jamais rien comprendre à ces libres penseurs religieux, si l'on oubliait que le grand ressort de leur activité est une haine sans mesure contre l'Église.

Cette haine transpire à chaque page des *Fragments* : l'esprit de « recherche est pour l'Église chose suspecte ou impie (1) » ; « la préoccupation scientifique lui est étrangère ; elle ne l'épouse qu'avec défiance (2) » ; elle prêche « une morale et une éducation à maints égards artificielles, des pratiques, des vertus qui ne correspondent à rien de réel (3) ». « Soit que l'on considère l'histoire du catholicisme, soit que l'on étudie sa nature propre, on se convainc que le salut ne saurait venir de ce côté (4) ». « Le divorce est consommé entre l'Église et l'immense majorité des hommes cultivés. L'histoire sacrée est une mythologie (5). » Le Dieu de la Bible nous « scandalise », les « miracles catholiques nous répugnent (6) ». Au cours de « la longue nuit du moyen âge (7) », on a « vu l'Église catholique persécuter, de siècle en siècle, la libre recherche philosophique et la libre recherche chré-

1. P. 136.
2. P. 137.
3. P. 137.
4. P. 59.
5. P. 6.
6. P. 27.
7. P. 51.

tienne, réprimer l'essor de l'activité laïque, appuyer les gouvernements oppressifs, anathématiser insolemment les droits du citoyen et du penseur, arroser du sang le plus pur nos places publiques (1) ». Beau fragment de cette histoire anticléricale de l'Église dont on a nourri l'imagination contemporaine et où la critique de notre temps commence à voir une conspiration contre la vérité.

Puis, il oppose à « la foi ecclésiastique la foi religieuse et morale (2) ». Et, loin de « borner » sa « sollicitude aux fidèles qui croient », il veut « l'étendre aux innombrables fidèles qui ne croient plus », il entend ne pas « renoncer » à « apporter » à « la foule anxieuse de ses frères les paroles de la vie éternelle (3) ». Qui donc vraiment pourrait le traiter en ennemi de la religion ? Ne parle-t-il pas comme une sorte d'apôtre ? comme une manière de sauveur ?

Il se met en communion avec tous les serviteurs de Dieu, « tous les hommes de désir qui, mécontents de la condition terrestre, aspirent à la stabilité et à la perfection ». Il « s'unit par des liens semblables, qu'ils le veuillent ou non, aux chrétiens de toutes les confessions ». Pas plus qu'il

1. P. 25.
2. P. 6.
3. P. 7.

« ne renonce à la communion de l'Église », il n'entend « se séparer de Jésus ». Sans doute, il « cesse de voir en lui le Fils de Dieu », mais non « l'homme qui, le premier, a révélé Dieu en le saluant du nom de *père* », ce qui est vraiment l'essentiel. Et, de la sorte, si Jésus « n'est pas mon Dieu, il est mon maître (1) », ce qui est bien suffisant.

« Ce grand nom de Dieu revient sans cesse sous ma plume », dit-il. Oui, mais à la façon du plus sénile radotage, car on ne voit pas pourquoi il y a lieu de croire en lui plus qu'au surplus de « la tradition chrétienne surnaturelle (2) ». « Ce grand nom » est tout ce que Pécaut retient du mécanisme des habitudes. « Je crois au Dieu vivant, auteur de l'univers (3) » : formule de valeur inappréciable pour demeurer d'accord avec la lettre des programmes de l'école laïque et les assurances données par Ferry que l'école laïque enseignerait la croyance commune à toutes les religions. « Je crois en Dieu par un élan de l'esprit qui suit immédiatement et nécessairement l'acte par lequel je me saisis moi-même. » Évidemment, M. Pécaut a reçu la faveur d'une Révélation personnelle. Il parle de Dieu comme en parle Mahomet, comme

1. P. 8.
2. P. 9.
3. P. 11.

en parle Swedenborg. Pécaut est vraiment un Prophète. Mais voici mieux : « Je découvre d'une vue presque simultanée mon être relatif et l'être absolu. » Ce n'est plus le dogme de la Trinité, mais celui de la Dualité; on imagine désormais M. Pécaut disant avec modestie : Dieu et Moi. Et il daigne nous en expliquer la raison profonde : « Seul, je m'affaisse sur moi-même (1). » On voit de suite que Dieu lui est nécessaire pour le compléter et le soutenir.

Dès lors, Pécaut vaticine sans mesure : « De même que je crois en Dieu, je crois à la vocation morale de l'homme. Je crois que l'homme est appelé à la sainteté. » « Une voix intérieure me crie avec autorité : poursuis l'idéal de toi-même, en le rattachant à l'Idéal suprême (2). » Et le poursuivant et le rattachant en un « mouvement irrésistible », il voit aussi « la preuve de Dieu dans ce cri spontané jailli de l'âme humaine qui, venant à se découvrir elle-même dans sa personnalité et assistant au défilé rapide et muet des êtres et des choses, refuse d'admettre qu'elle soit le seul témoin, fugitif lui-même, de ce spectacle à la fois attrayant et tragique, et proclame immédiatement l'Être intelligent et éternel qui peuple ce vide infini, anime

1. P. 12.
2. P. 13.

ce vaste silence, fixe et soutient cette universelle instabilité (1). »

Nous n'en pouvons plus douter : M. Pécaut est l'organe même de la raison lucide et française !

Il serait cruel d'insister sur les phrases creuses où il se complaît : « La forme nouvelle de la vie chrétienne est encore flottante et indécise (2). » « Décidons-nous à croire à la force de la vérité et à la capacité religieuse et morale de l'homme (3). » « Il faut avant tout que l'esprit moderne soit profondément religieux et que, dans son œuvre de critique, il s'associe au sentiment vif de Dieu présent dans la nature humaine, dans l'histoire, dans l'univers (4) ». « Nous n'hésitons pas à distinguer la Religion des religions et nous prétendons ne point cesser d'être religieux : c'est trop peu dire, — nous voudrions l'être plus et mieux, en sortant des églises (5). »

Une seule chose importe : préciser ce que l'on entend par religieux et religion, car il n'est païen qui n'ait une religion et ne soit en quelque manière religieux. Or il est certain que l'esprit religieux et la religion de M. Pécaut sont violemment hostiles

1. P. 47.
2. P. 16.
3. P. 18.
4. P. 20.
5. P. 31.

à la religion catholique et à l'esprit religieux du catholicisme, et que c'est à M. Pécaut que l'école neutre livrait les jeunes catholiques. Lorsqu'il s'oublie jusqu'à exprimer de façon précise ce qu'il pense, il assure que, « sous les auspices de l'individualisme protestant, l'éducation humaine a prospéré au-delà de toute prévision (1) »; il dit de l'Église qu'elle est « une institution de servitude morale et intellectuelle, une école d'équivoque (2) », et il lui oppose son « christianisme libéral (3) » qui se résoud, « au fond », dans « la foi à la conscience humaine comme au témoin du Dieu intérieur qui est plus nous que nous-mêmes, Dieu du dedans » contre lequel « il ne saurait y avoir un Dieu du dehors (4) » : Formule de pur panthéisme et de divinisation de l'homme. Sans doute ne s'en rendait-il pas compte. Mais la logique de l'hérésie était plus forte que cette logomachie, comme elle fut plus forte que la pensée de Luther et de ses disciples : la tradition protestante devait fatalement atteindre au terme même de son évolution. Et, d'autre part, on conçoit très bien que des gens habiles aient estimé nécessaire d'exploiter un Pécaut : par l'artifice des mots, il devait ménager

1. P. 52.
2. P. 26.
3. P. 27.
4. P. 29-30.

les transitions nécessaires entre l'âme chrétienne et l'âme athée.

Lorsqu'il dit de la religion qu'elle « n'est pas une croyance ni une pratique », mais « un état de l'âme qui ensuite s'exprime au dehors (1) », il insinue que la foi du croyant peut légitimement se vider de tout contenu positif et se réduire à ne plus exprimer qu'une fantaisie individuelle. « Prétendez-vous, me dira-t-on, nous appeler tous, petits et grands, lettrés ou illettrés, gens de loisir ou de travail, à délibérer, à décider de la foi religieuse? Je ne prétends vous appeler qu'à remplir votre devoir et à exercer votre droit (2) ». « Que faut-il croire de Dieu, de la loi morale, de la vie? Ce que vous jugerez croyable, ce qui vous semblera digne de foi (3). »

C'est le fond même du protestantisme et de la libre pensée. On l'exprime encore en disant que chacun doit se faire sa propre religion. On érige ainsi en loi cet arbitraire de l'imagination et de l'ignorance qui inspire toute l'histoire du protestantisme. Autant dire que chacun doit se faire sa propre science. Mais la vérité ni la réalité ne sont individuelles : elles sont tout au contraire universelles, et l'on n'y peut atteindre que par la com-

1. P. 41.
2. P. 42.
3. P. 43.

pétence et la désindividualisation. Il est vrai que l'on a eu soin de nier que la religion soit une acquisition de l'intelligence; on l'a réduite à un élan du cœur; de sorte que, retirant à la pensée bien au delà de ce que l'on a feint de lui accorder, on fait de la religion un état de conscience vague et obscur, un mode simple de la sensibilité; la religion n'est plus qu'un état affectif applicable aussi bien à l'Islam qu'au fétichisme, à la religion de Brahma, de Bouddha ou du Christ, au déisme ou au panthéisme, au spiritualisme ou au matérialisme. Un tel sentiment religieux est aussi bien celui de Lucrèce que celui de Pascal, celui de Thomas d'Aquin que celui de Spinoza, celui de Pécaut que celui d'un sorcier nègre. Mais on comprend le vif intérêt qu'il y avait à propager de telles idées lorsqu'il s'agissait précisément de substituer, sous le couvert du sentiment religieux, certaines convictions intellectuelles à d'autres convictions intellectuelles, la croyance panthéistique à la croyance au Dieu personnel, la croyance au naturalisme libre penseur à la croyance au surnaturalisme chrétien. On créait une équivoque profitable. On était certain de prêcher en eau trouble.

Quiconque avait le sens du christianisme ne pouvait qu'être frappé par ce que de semblables idées lui avaient de foncièrement contraire. Le christianisme est essentiellement une religion sociale et non individuelle. A coup sûr, on y parvient par l'effort personnel; il faut s'y élever et s'y maintenir et y progresser par un travail tout à la fois de l'intelligence, de la volonté, de la sensibilité. Mais la vérité religieuse ne saurait être l'œuvre et la propriété d'un individu isolé. Or on préconisait une religion antisociale; contre l'Église universelle on dressait de petites églises individuelles, séparées et hostiles. Le christianisme ne sépare pas plus l'homme de lui-même que les hommes les uns des autres : aussi ne saurait-il être seulement une religion du sentiment, il est aussi une religion de l'intelligence; il fait sans doute appel au cœur, mais certainement aussi à la raison; il n'est pas qu'un élan, il est une science. Enfin il est tout le contraire d'une religion de la nature : il est une religion surnaturelle.

On comprend maintenant que le pasteur Pécaut salue « l'avènement de l'homme non plus seulement religieux et chrétien, mais laïque et séculier, qui secoue les dernières servitudes, celles des dogmes surnaturels après celles de l'Église surnaturelle, et prétend fonder sur lui-même et sur la nature la foi, la morale, la société (1) ». Il ne s'agit donc plus que d'établir une religion de la nature; parfois encore on la voile de cette terminologie d'origine

1. P. 45.

spiritualiste et chrétienne qui n'est, chez Pécaut, qu'une accoutumance invétérée du langage. Mais, quand il appelle cette religion, la religion de « l'homme laïque », on se rend compte enfin du sens nouveau donné au mot *laïque* par les fondateurs de l'État et de la Religion laïques. Laïque ne signifie plus l'homme qui n'est pas entré dans les ordres, mais l'homme qui est sorti du christianisme, qui rejette toute idée surnaturelle, qui professe la croyance à la seule nature : « Nous croyons à l'ordre, à l'empire constant de la loi, à l'unité de l'univers. La foi à l'ordre est le premier principe de la moralité; la foi au miracle est essentiellement contraire à la morale (1). » La religion laïque est la religion de ceux qui ne croient plus à l'Église, au Christ, à Dieu, à l'âme, à la vie future, mais à la seule réalité sensible, au seul monde des phénomènes, à la seule vie terrestre, et qui en font leur divinité. De quelque nom qu'ils s'appellent, — panthéistes, monistes, athées, matérialistes, libres penseurs, — ils sont les *laïques*, les nouveaux dévots du paganisme ressuscité.

C'est aux mains de ces prêtres laïques de la religion laïque que l'État laïque livrait, sous la

1. Pécaut, *Etudes au jour le jour sur l'éducation nationale*, 1879, p. IV.

contrainte des lois, sous la menace des gendarmes, les enfants des chrétiens.

Comment le pasteur Pécaut va-t-il comprendre sa tâche d'éducateur des éducatrices de l'enfance? « L'œuvre de sécularisation morale que les sociétés catholiques n'ont pas accomplie au XVIe siècle par voie de réforme ecclésiastique ou religieuse, les sociétés catholiques tentent de la faire par voie de réforme scolaire (1) ». Voilà la pensée maîtresse de ce fils de la Réforme; toute son activité éducatrice est inspirée par un ardent prosélytisme protestant. La position officielle qu'il occupe est de la plus haute importance. Il la définit lui-même en définissant le rôle que ses élèves de Fontenay, futures professeurs et directrices d'écoles normales d'institutrices, sont appelées à jouer :

« Votre privilège à vous, le privilège des institutrices que vous êtes appelées à former, c'est que, occupant de bonne heure, autant que la famille, en son nom et avec son autorité ainsi qu'au nom et avec l'autorité de l'État, toutes les avenues, encore libres, de l'âme de l'enfant, sa conscience, son cœur, son imagination, non moins que son intelligence, les occupant plusieurs heures chaque jour durant

1. Pécaut, *Études au jour le jour sur l'éducation nationale*, 1879, p. vi.

six ou sept ans, vous êtes en position de susciter autour de vous des forces semblables qui entretiendront la vie du pays. Et comme votre action, l'action de vos écoles, est quotidienne, continue, autant qu'elle est directe et pénétrante, comme elle s'étend partout, vous pouvez prétendre à modifier dans un sens favorable les chances de l'avenir (1). »

C'est ce qu'il exprimait encore en 1897 dans une lettre à M. Masson, président de l'Association des Instituteurs : « Il est certain que nos moyens sont incomparables »; nous possédons « le privilège de parler à l'enfant dès le plus jeune âge de raison »; nous sommes « seuls admis à l'office de former son esprit, de lui inculquer des habitudes de penser, de se rendre compte, d'observer, de réfléchir, qui le suivront toute sa vie. Maîtres de la jeune intelligence, ne prenons-nous pas de là, presque sans le savoir, autorité sur la jeune âme qui croit à notre parole et à notre exemple, qui appelle bien ce que nous appelons bien, et mal ce que nous appelons mal (2) ? »

Quel est donc le « sens favorable » dans lequel il convient de « modifier les chances de l'avenir » ? Quelles « habitudes de penser » va-t-on inculquer à l'enfant et qui « le suivront toute sa vie » ? Com-

1. *Pages choisies,* Conférence aux élèves de Fontenay, p. 382.

2. *Pages choisies,* p. 161-162.

ment faut-il comprendre l'école, cette « grande institution laïque, *d'ordre spirituel*, qui couvre de son ombre le pays tout entier », qui « peut déjà beaucoup et pourrait encore davantage, si bien qu'il dépendrait d'elle de modifier profondément, à la longue, l'état moral de la jeunesse (1) » ?

Tout ce que le pasteur Pécaut a pris la peine d'exprimer de sa pensée répond amplement à cette question. Mais le pédagogue Pécaut y fait aussi sa réponse, et semblable réponse.

L'école est pour lui l'instrument essentiel de « l'esprit séculier » qui doit « affirmer et exercer son droit dans l'éducation comme dans la politique » et « prendre une plus large part à la direction du monde spirituel (2) ». C'est par le bras séculier que nous devons vivre la vie de l'esprit. Formule qui est la pure formule d'Inquisition par laquelle s'exprime cet absolutisme théocratique que tous les États, hors du catholicisme, ont de tout temps pratiqué.

Comme « toute bonne école laïque *institue* l'enfant d'une autre façon que ne fait l'école ecclésiastique (3) », elle offre l'unique « moyen de préparer un point d'appui, c'est-à-dire un état convenable de l'esprit public, à une campagne politique décisive,

1. P. 159-160.
2. P. 143.
3. P. 133.

établi, il n'y a plus, contre la force qu'il possède, d'opposition possible.

Pécaut, partout où son activité s'est déployée, a su préparer ce résultat éloigné par les plus habiles réticences, les plus diplomatiques équivoques. Il les a particulièrement accumulées dans l'enseignement de la morale que son zèle de prédicant se plaisait à distribuer à ses élèves.

D'après lui, « la morale » est une « vérité *personnelle, intime* (1) ». Et parce que l'enseignement de la morale « prétend agir par le libre jeu de la volonté sur la direction totale de la vie, il reste le plus difficile de tous (2) ». Ce qui importe, c'est que les « formules » morales prennent « vie et vertu » dans « le commentaire familier du maître (3) », et M. le docteur Élie Pécaut nous assure que, dans ce rôle, son père était incomparable.

Voici qui nous le prouve. A cette question : « Comment enseigneriez-vous la morale à l'école primaire ? » M. Félix Pécaut répond modestement : « Je l'enseignerais de façon à la mettre *hors pair*, à la présenter sous des traits graves et sereins, bref à en faire l'inspiration supérieure de l'école. » A cet effet, « point de manuels, c'est moi qui lirais

1. P. 187.
2. P. 190.
3. P. 191.

sitions de la science. Ajoutons que cet « *exercice* d'ouverture serait familier, sérieux, insinuant et libre de tout appareil didactique (1) ». En vérité, M. le pasteur Pécaut s'y connaît en recettes morales, et l'on n'est surpris ni que son confrère M. Buisson l'ait chargé de former les institutrices de la France, ni que notre pays ait tant monté dans la hiérarchie des nations depuis bientôt trente ans que sa jeunesse est la proie d'aussi habiles pédagogues.

« Souvent, très souvent, je lirais une sentence, une *pensée* morale ; j'en demanderais le sens véritable aux plus grands, après avoir amorcé par une question quelqu'un des plus éveillés parmi les petits » ; puis, ayant provoqué « les réponses et les réflexions des enfants », rectifié, complété et résumé « en quelques mots simples et précis », « je les exercerais à résumer eux-mêmes brièvement ce qu'ils auraient retenu de notre entretien. D'autres fois, je lirais un beau morceau de prose ou de poésie, je provoquerais les élèves à m'en dire leur sentiment, je dirais le mien, j'en détacherais un passage principal, — ou j'inviterais les élèves à le choisir eux-mêmes, à l'écrire au tableau noir, puis à le consigner dans un cahier spécial à côté des belles sentences, maximes ou pensées qui

1. P. 182.

défileraient devant nous tout le long de l'année(1). »

Pour que l'enfant résistât à des soins aussi délicats et aussi éclairés, il lui faudrait une perversité peu commune. Car notre bon M. Pécaut entend parvenir, par ces procédés séculiers, simples et peu coûteux, à « composer dans l'école comme un climat moral, ou, si vous aimez mieux, une harmonie musicale, une atmosphère invisible et pénétrante (2). »

Mieux encore : pour « fixer les impressions fugitives et les habitudes indécises », il aurait recours aux « aphorismes tirés des belles pages de nos moralistes », et les ferait « apprendre par cœur ». Ces aphorismes appris par cœur constitueraient « le commentaire vivant d'un ensemble régulier et de plus en plus complet de principes d'action et de devoirs individuels, domestiques, sociaux, etc. (3). » Comme on le voit maintenant, ces aphorismes étaient gros de conséquences de toutes sortes, que nul avant M. Pécaut n'avait encore aperçues.

Parfois même il leur lirait dans les journaux le récit de quelque « triste événement où apparaissent les mystères de la destinée ». Mais il se hâte de for-

1. P. 183.
2. P. 184.
3. *Idem.*

noter cette restriction que l'on ne saurait être trop circonspect dans le choix de ces citations (1). Évidemment.

« Demandez-vous, après cela, quelle place réserverais-je à l'idée religieuse de cet enseignement ? Je voudrais que cette idée fût partout et nulle part, comme l'âme même de la morale, partout présente et agissante, le plus souvent invisible. Et, néanmoins, je ne craindrais pas de prononcer le grand nom de Dieu (2) ». C'est qu'en effet M. Pécaut, qui n'est certes pas un clérical, est un homme éminemment religieux et avec qui l'idée religieuse est « partout » dans l'enseignement, comme si elle n'y était « nulle part ».

Un moraliste aussi éminent ne pouvait manquer de se rendre responsable de la crise morale contemporaine le catholicisme qui, « habituant les laïques durant des siècles, à se décharger sur l'Église, c'est-à-dire sur le prêtre, du soin de définir la doctrine, d'enseigner la morale, les a mal préparés à manier pour leur compte la langue des choses de l'âme (3) ». Avec sa connaissance consommée des choses de l'âme, M. Pécaut ne pouvait, lui, qu'il lui ait fait concurrence.

Est-il besoin de dire qu'il est à la crise morale

1. P. 184-185.
2. P. 188.
3. P. 103.

même ordre que l'illusion de ces spiritualistes qui croyaient purifier et pérenniser le déisme en le séparant du christianisme : ils ne se rendaient pas compte qu'ils ouvraient les voies à l'athéisme, qu'ils ménageaient les transitions nécessaires, et qu'ils n'avaient surtout pour alliés que des athées qui ne s'avouaient pas. Et, à vrai dire, cette laïcisation de la pensée religieuse spiritualiste était profondément agie par le secret désir de laïciser la pratique morale correspondante. On rejetait l'Église pour pouvoir rejeter le Christ, le Christ pour pouvoir rejeter Dieu, comme on rejette Dieu pour pouvoir diviniser l'Instinct. Il n'y a pas d'autre crise morale que celle provoquée par la rencontre de deux courants contraires, dont l'un entend subordonner la chair à l'esprit, et l'autre, l'esprit à la chair. Dans le christianisme, le conflit éclate au dedans de chaque individu et il s'y cache. Dans la société en voie de déchristianisation, le conflit devient général et il s'étale publiquement. Les laïcisateurs de l'école ont entendu le résoudre, dès l'enfance, dans le sens païen.

Mais un homme comme Pécaut était indispensable au succès de l'école laïque.

Objectait-on : école d'irréligion. On répondait : Pécaut est un homme foncièrement religieux, plus religieux même que les adeptes des diverses religions.

Si l'on objectait : école sans Dieu, — on répondait : Pécaut est un théiste chrétien.

École sans morale ! On ripostait : Pécaut est un moraliste éminent.

Le Pécaut était le « *tarte à la crème* » de tous les Ferdinand Buisson.

CHAPITRE III

MENTALITÉ

MORALITÉ ET RÔLE POLITIQUE

DES INSTITUTEURS

[illegible] — [illegible] — nous avons [illegible] l'anticatholicisme [illegible] qu'elle contient [illegible] origines de l'école nous ont montré dans [illegible] une entreprise maçonnique et protestante [illegible] religiosité du pédagogue calviniste [illegible] nous [illegible] comme un voile transparent [illegible] réellement [illegible].

[illegible] nous [illegible] reste à [illegible] de comprendre [illegible] accomplissent leur tâche [illegible] de déterminer leur valeur intellectuelle et [illegible] leur rôle politique.

I

MENTALITÉ DES INSTITUTEURS

L'instituteur qui ne rend pas les services que l'on en attend est impitoyablement exclu du corps enseignant : M. Lasies cite (1) un maître d'école de Meurthe-et-Moselle qui, accusé par un dénonciateur anonyme d'avoir dîné chez le curé, est révoqué.

Pour éviter qu'après leur sortie de l'École normale les instituteurs n'en gardent pas assez fidèlement l'esprit, les représentants de l'État n'hésitent pas parfois à leur conseiller officiellement de s'affilier à la Franc-Maçonnerie (2).

Le zèle antichrétien des instituteurs n'est pas excité que par les préfets, mais aussi par les hauts fonctionnaires universitaires et par les journaux amis du pouvoir.

L'inspecteur d'Académie Alingry, dans une conférence à l'Amicale de la Haute-Vienne, rappelle que le but de la Caisse des écoles est « d'attirer à l'école laïque le plus d'enfants possible pour les

1. Séance de la Chambre des députés, 29 janvier 1909.

2. Le préfet de l'Indre ayant tenu ce langage à la réception des instituteurs du département, M. Georges Berry exprima l'intention d'interpeller à ce propos le Président du Conseil (Voir *l'Écho de Paris*, 8 décembre 1900).

initier à la vie de l'esprit et les préserver des préjugés et des erreurs qui ont si longtemps entravé la marche de l'esprit humain (1) ».

Directeur de l'enseignement primaire, Buisson « a compris » qu'il fallait que, « dans chaque commune de France, dans chaque quartier de Paris, l'instituteur laïque et l'institutrice laïque » pussent « dresser une chaire de vérité contre le mensonge et l'asservissement imposés par les curés. Cent vingt mille instituteurs et institutrices, d'un bout à l'autre du territoire, répandent les idées du rationalisme contre le christianisme périmé (2). »

L'anticléricale *Petite République* ayant ouvert un concours (3) entre ses lecteurs sur trois questions : livres scolaires ne répondant pas « aux exigences et aux aspirations de l'esprit moderne » ; livres « les plus propres à former et à développer l'intelligence et le goût d'un enfant » ; organisation de « la gratuité de l'enseignement à tous ses degrés » ; — la presque totalité des prix est décernée à des instituteurs ou directeurs d'écoles publiques de Paris, Seine-et-Oise, Ain, Ardennes, Aveyron,

1. *Le Volume*, revue pédagogique pour les instituteurs, dirigée par Payot, numéro du 2 juillet 1904.

2. H. Béranger, Conférence sur *Christianisme et Libre Pensée*.

3. 18 septembre 1902.

Côte-d'Or, Deux-Sèvres, Ille-et-Vilaine, Indre, Jura, Rhône, Yonne (1).

L'instituteur ne vit pas seulement en communion d'idées avec la presse anticléricale : il y collabore.

Un « instituteur rural morbihannais » écrit dans *la Petite République* (2) : Les « écoles, dites libres, sont dirigées par le clergé qui a tout intérêt à maintenir le peuple dans l'ignorance et qui ne manque jamais une occasion de manifester son profond mépris pour l'instruction qui, d'après lui, ne sert à rien ». Ces écoles « ne sont qu'un moyen d'empêcher les enfants de s'instruire ». Il ne faut pas que « la liberté de l'enseignement » reste « plus longtemps l'apanage exclusif des ennemis de la République ». Il importe que « l'État prenne délibérément le monopole de l'enseignement » et remplisse ainsi « son devoir qui est d'assurer à tous les enfants de France, même contre l'Église romaine et les parents abusés par elle, une instruction aussi étendue que possible ».

De nombreuses revues spéciales (3), rédigées par

1. 19 et 21 mars 1903.
2. 19 octobre 1908.
3. *La Revue pédagogique* (dirigée par Buisson), *Revue de l'enseignement primaire et primaire supérieur*, *Revue corporative*, *l'Union pédagogique française*, *la Tribune des instituteurs*, *l'Écho de l'enseignement primaire*, *le Corres-*

des instituteurs, s'emploient à jeter l'huile sur la flamme antichrétienne des instructeurs d'enfants. On y imprime tout net que la neutralité est « une hypocrisie et une duperie (1) ». « Un accord sincère peut-il exister entre le curé et l'instituteur? Répondons énergiquement : non. Leurs enseignements se contredisent et se heurtent à chaque pas (2). » On s'en rendra compte en lisant quelques extraits des articles où les maîtres de l'enfance disent leur pensée.

Devinat, directeur de l'École normale de la Seine, écrit : « On peut affirmer sans exagération que, depuis 1882, l'école laïque publique est, à peu de chose près, l'école sans Dieu (3). » Cet « à peu de chose près » s'exprime par le mot : neutralité. Pour de nombreux instituteurs, enseigner que la morale peut se passer de Dieu et même qu'il n'y a pas de Dieu, ce n'est pas sortir de la neutralité; au contraire, enseigner Dieu ou « oser préjuger que la morale n'existe pas sans Dieu, c'est condamner la morale indépendante et violer, dès lors,

pondant général de l'enseignement primaire, l'École nouvelle, l'École rénovée, la Démocratie universitaire, le Journal des instituteurs, l'Émancipation des instituteurs, le Délégué cantonal, l'Action scolaire, Bulletin d'associations d'anciens élèves d'écoles normales, Annales de la jeunesse laïque.

1. Bonsens, instituteur, *A propos de la discipline*, p. 16.
2. *Idem*, p. 22.
3. *Revue de l'enseignement primaire*, 25 octobre 1894.

la neutralité de l'école (1). » L'expression — neutralité — est seulement commandée par la prudence. Lorsqu'on agita la question de rayer les « Devoirs envers Dieu » du programme d'études des écoles normales, Devinat écrit qu'au « Conseil supérieur de l'Instruction publique », son « vote serait acquis à la suppression », mais que, dans un congrès d'instituteurs, il vaut mieux, et par « simple prudence », ne pas aborder « un sujet si délicat et si brûlant (2) ». La *simple prudence*, l'*à peu de chose près* et la *neutralité* sont synonymes. En 1906, les devoirs envers Dieu disparaissent du programme des écoles normales. Et maintenant il n'est plus guère question de neutralité : la *prudence* ne s'impose plus à nos maîtres.

La pensée de ceux qui enseignent se traduisant nécessairement dans leur enseignement, il peut suffire pour définir cet enseignement, que les éducateurs définissent leurs croyances.

« Il n'est pas utile » d'enseigner « qu'il n'y a pas de Dieu » ; il suffit de « donner de l'univers » une « explication » qui « exclut toute idée de Providence », car « la conséquence » d'un tel « enseignement » est « de rendre impossible la croyance en

1. *Revue corporative*, 31 janvier 1904, p. 140.
2. *Bulletin de l'Association des anciens élèves de l'École normale de la Seine*, février 1902.

Dieu (1)». En d'autres termes, « se passer de Dieu, c'est travailler contre lui. En bâtissant sans lui notre morale et notre science, sans le toucher nous le blessons à mort. Aujourd'hui, l'athéisme a conquis droit de cité (2). » École laïque signifie donc école sans Dieu, et école sans Dieu signifie école d'athéisme.

Plus que l'idée de Dieu il convient de rejeter l'idée de Providence, car « la Providence est, pour ainsi dire, le miracle des miracles », et « la science exclut totalement le miracle » auquel « toutes les religions font une très grande place » et qui est « l'impossible et l'absurde (3) ». « Ce dont nous sommes sûrs, c'est qu'il n'y a pas de Providence, qu'il n'y a pas eu de création, que les œuvres de la nature ne concourent pas à une fin » ; « ce sont les conclusions les plus certaines de la science et qu'il est le plus légitime et utile d'introduire dans l'enseignement (4). »

Il convient au même titre de « détruire l'idée

1. Dufrenne, *Revue de l'enseignement primaire*, 31 juillet 1904.

2. *Id.*, 9 octobre 1904.

3. Chauvelon et Franchet, instituteurs, *Philosophie du petit citoyen*, cours de morale pour les enfants de onze à quatorze ans, dans la *Revue de l'enseignement primaire*, 15 et 22 janvier 1905.

4. Dufrenne, *Revue de l'Enseignement primaire*, 18 décembre 1904.

d'une âme individuelle, immatérielle et immortelle (1) », car « l'homme est une forme passagère de la matière qui se désorganise à la mort et rentre dans la grande circulation pour constituer d'autres formes (2) ». Il « n'est qu'un singe évolué (3) », « un produit des forces naturelles (4) », et « la mort n'est que la fin de la vie, après laquelle il n'y a plus ni sentiment, ni conscience pour l'individu (5) ».

Étant donnée une telle métaphysique, quelle sera la morale? Beauvoix, instituteur à Aix, se plaint de ce que « la famille et la société » soient « encore imbues des préjugés de la morale chrétienne », dominées par un « idéal religieux qui implique l'asservissement moral de l'homme (6) ». Les instituteurs Chauvelon et Franchet rejettent, comme « contraires à la science », les « systèmes de morale fondés sur l'hypothèse d'un Créateur, d'un Être suprême »; ils estiment que, si « la tradition représente le spiritualisme comme moral et le matérialisme comme immoral », c'est là « une

1. Dufrenne, *Revue de l'Enseignement primaire*, 18 décembre 1904.
2. *Id.*, 11 juin 1905.
3. *Id.*, 18 février 1906.
4. Chauvelon et Franchet, Cours de morale, *Revue de l'Enseignement primaire*, 15 et 22 janvier 1905.
5. *Id.*, 30 avril 1905.
6. *L'Aurore*, 10 mars 1908.

contre-vérité (1) ». Cette morale matérialiste peut se résumer ainsi : « la conscience » est rejetée « comme importune, le devoir n'oblige plus, l'impératif catégorique n'est plus nécessaire »; l'égoïsme « est une impulsion fatale, et la justice est le rapport des égoïsmes dans leur état d'équilibre ; le droit n'est pas d'une autre essence que la force, et le respect du droit n est préférable à l'usage de la force que parce que ses conséquences sont plus avantageuses (2) ». Enfin le suicide est légitimé : Si nous commettons « une faute tellement grave qu'elle puisse flétrir notre honneur, nous devons résolument préférer la mort à la honte. Faisons-nous justice nous-mêmes: L'irréparable autorise le suicide (3). »

Un instituteur de la ville de Paris, résumant en quelques mots cette morale de l'école laïque, a pu récemment affirmer dans une réunion publique que sa « qualité d'homme de science » lui empêchait « de parler aux enfants de devoir, de conscience, de responsabilité et de liberté humaine », et que tout ce qu'il pouvait « affirmer

1. Cours de morale, *Revue de l'Enseignement primaire*, 15 et 22 janvier 1905.

2. Dufrenne, *Bulletin des anciens élèves de l'École normale de la Seine*, mars et juin 1901.

3. *Journal des instituteurs*, supplément du 24 décembre 1893, p. 51.

était simplement l'existence matérielle du cerveau (1) ».

Cet enseignement positif implique un enseignement négatif : après avoir exposé la vérité, on met en garde contre l'erreur. D'une façon générale, « l'histoire des religions » sera présentée comme étant « en majeure partie l'histoire des pires erreurs de l'humanité (2) ». En particulier, on dira du « Dieu des chrétiens » qu'il « ne vaut guère mieux que la vieille idole chaldéenne Jéhovah (3) ». On ajoutera même : « masse, force, pensée, inhérentes de toute éternité à un même objet, la substance, telle est à nous, matérialistes monistes, notre trinité une ; elle vaut bien le tricycle philosophique, savoir du Père, du Fils et du Saint-Esprit (4) ». « La Sainte-Trinité ! Sus à tous les mensonges d'Église ! Déblayez absolument le terrain des antiques et dégoûtants décombres (5). » Un excellent moyen d'y parvenir est d'avoir « un entretien de quelques minutes avec les enfants qui reviennent de l'église » ; cela « suffirait pour anéantir les ravages causés dans leur intelligence par la leçon du catéchisme. En les interrogeant habi-

1. Cité par Maurice Barrès, *Écho de Paris*, 24 juillet 1909.
2. Chauvelon, *Revue de l'Enseignement primaire*, 16 octobre 1904.
3. Dufrenne, *Id.*, 29 janvier 1905.
4. Potier, *Id.*, mai 1904.
5. *L'Émancipation de l'instituteur*, juin 1904.

lement, le maître saurait chaque fois quelle sorte de poison Basile vient encore d'inoculer à ses victimes, et le remède » serait alors « une petite conversation avec toute la classe, se rapportant, sans en avoir l'air, à la leçon du curé, et qui montrerait nettement que celui-ci est un menteur éhonté (1) ». La *Revue de l'Enseignement primaire* (2) propose, pour le cours élémentaire, le texte de devoir suivant : « Les peuples religieux sont les peuples esclaves. » Dans le « développement » du sujet, on lit : « On peut dire que les peuples religieux sont les peuples esclaves, parce qu'ils se dispensent de raisonner, de chercher le pourquoi scientifique des causes, parce qu'ils obéissent aveuglément à des ordres qu'ils ne comprennent point... Les moines ne se contentèrent pas toujours de prendre la terre : ils prirent les hommes. Ainsi se fondèrent les couvents qui furent une véritable puissance par leur domaine et leurs richesses. Pour tirer de l'argent aux gens, le clergé avait institué le culte de la Vierge, de l'Eucharistie, des Saints. Pour faire obéir les vilains à tous les ordres des seigneurs, le clergé les abrutissait avec la peur de l'enfer et l'idée du ciel. »

Ce matérialisme et cet anticatholicisme des maîtres de l'école primaire constituent un retour

1. *L'Action scolaire*, octobre 1900, p. 6.
2. 9 février 1908.

pur et simple aux conceptions païennes de la vie. On retrouve sous la plume de ces instituteurs l'expression de leur enthousiasme pour « la cité antique », pour le « culte » païen « de la dignité et de la beauté humaines », pour les « sublimes intuitions des sages d'Ionie » : « les guerres médiques sont plus près de nous que la guerre de Cent Ans ; les colonies helléniques ont été plus fécondes que les Croisades ; les luttes féodales nous contristent moins que les rivalités des cités grecques ; enfin nous avouons plus volontiers pour nos pères spirituels Epicure et Marc-Aurèle que les maîtres de la scolastique (1). » Henry Bérenger, un des directeurs de conscience des instituteurs, développe la même idée : « Il y a eu une civilisation qui a exprimé l'homme complet, beau et fort, et qui l'a fait jouir de toute la vie que la nature pouvait lui offrir. Si j'avais à choisir entre la victoire de Salamine et le Crucifix, mon choix est fait : je suis pour la victoire de Salamine contre les Barbares (2). « Et son journal, *l'Action*, redit : « En écrasant de leur mieux la vermine des catacombes, le César d'abord, plus tard les nobles empereurs Titus, Alexandre Sévère, Marc-Aurèle, se montrèrent les défenseurs de la civilisation.

1. Dufrenne, *Bulletin de l'Association des anciens élèves de l'École normale de la Seine*, mars 1900, p. 133-131.
2. *Christianisme et Libre Pensée.*

Heureux si les justes supplices infligés à la tourbe chrétienne avaient empêché l'univers de descendre, pendant la longue nuit médiévale, dans ces cavernes et ces tombeaux (1) ! »

Il n'est plus possible d'en douter : « entre l'école et l'Église le duel est à mort (2). » Aussi réclame-t-on la suppression de « la liberté d'enseigner », qui « est une école de servitude », et l'établissement du « monopole » qui « seul enseigne la liberté », attendu que « la liberté pour des enfants, pour des adolescents, pour des mineurs, consiste à recevoir une éducation rationnelle et laïque », tandis que « la religion est une forme de mentalité rétrograde (3) ». On demande « les millions du budget des cultes » pour aider au « développement des écoles laïques », parce que « c'est la certitude pour demain que l'œuvre de déchristianisation

1. *L'Action*, citée par *l'Univers*, 6 juin 1904.

2. *Annales de la jeunesse laïque*, octobre 1904. Même duel à mort en Italie. Fogazzaro, qui a fait sa soumission au pape après la mise à l'index de son roman *le Saint*, est sénateur et membre du Conseil supérieur de l'Instruction publique. Contre sa soumission, la Fédération générale des instituteurs italiens a protesté par un ordre du jour de blâme très sévère. *La Raison* (27 mai 1906), relatant le fait, ajoute : « Au dire des cléricaux affolés, ce sont les instituteurs de France qui font les élections républicaines. Ça viendra aussi en Italie. »

3. *Revue de l'Enseignement*, 3 octobre 1904.

sera féconde, définitive (1) ». Enfin de nombreux instituteurs veulent que les églises soient mises à leur disposition pour servir, « dans un cadre moins restreint que celui de nos écoles », aux « manifestations cultuelles du rationalisme », à « toutes les fêtes civiques », pour permettre « aux générations nouvelles d'assister, frémissantes, à la cérémonie populaire si douloureuse, si humaine, si pathétique, du *Couronnement de là Muse* dans la cathédrale sacrée », et d'entendre, au lieu de « l'insipide marmonnement des vaines litanies latines », au lieu des « mensonges séculaires sous lesquels l'Église romaine agonise », retentir « le chant triomphal de la vie (1) ».

Les instituteurs ne doivent pas être seulement dans leur classe les agents de semblables idées : Soyez fermement laïques et républicains dans votre classe et hors de votre classe », leur disent des voix autorisées (2).

Ils suivent avec entrain ces conseils : l'institutrice du village d'Opio, près Grasse, associée au maire, à l'adjoint et à 32 habitants, organise des charivaris

1. *Annales de la Jeunesse laïque*, octobre 1904.
2. *L'Aurore*, 13 mars 1908.
3. *Vœux et Conseils*, adressés à ses anciens élèves, à l'occasion du nouvel an, par Devinat, directeur de l'École normale d'instituteurs de la Seine (*Bulletin de l'Association des anciens élèves de l'École normale de la Seine*, février 1902).

sous les fenêtres du presbytère; sur la plainte du curé, 15 manifestants sont condamnés à 100 francs d'amende; mais l'institutrice, le maire, l'adjoint et les autres charivaristes sont acquittés (1).

Plusieurs croix érigées sur le bord des chemins sont brisées à Pontgibaud, d'autres à Ancizes, dans le Puy-de-Dôme. Le 17 juin 1909, on surprend les auteurs de ces méfaits sacrilèges occupés à briser encore une croix à Mazal : ce sont un instituteur adjoint à Chapdes-Beaufort et le fils de l'instituteur, âgé de dix-sept ans. Ils s'écrient : « Ce ne sera pas la dernière. » Et, deux heures plus tard, ils abattent une autre croix (2).

L'instituteur Auger prononce un discours aux obsèques civiles d'un enfant de neuf ans, à Génozac (Charente-Inférieure) (3).

Sur la tombe d'une compagne d'école laïque, une fillette lit un éloge funèbre que son institutrice avait sans doute rédigé : « Pour toi, le néant infini, qui a précédé ta naissance, a repris son cours. Il en sera ainsi pour nous et pour tous ceux que nous affectionnons. L'Être supposé qui t'a si brutalement et si tôt ravie à ta famille et à nous ne peut être que bien méchant ou bien inconscient. On ne

1. *Le Matin*, 25 juin 1909.
2. *Écho de Paris*, 28 juin 1909.
3. *Écho de Paris*, 22 décembre 1908.

pourrait donner une excuse à cette céleste iniquité (1). »

Pour coordonner tous ces efforts individuels, de nombreuses associations groupent les maîtres d'écoles.

Un très grand nombre, secrètement affiliés à la *Maçonnerie*, appartiennent, en outre, à diverses sociétés avouées où ils entraînent leurs collègues non initiés. L'*Association nationale des libres penseurs* compte une quantité d'instituteurs. Pendant tout le temps de la publication de son journal quasi-officiel, *la Raison*, dirigé par le défroqué Charbonnel, d'importantes réductions sur le prix d'abonnement étaient consenties aux instituteurs. Ceux-ci prennent part, en masse, aux différents congrès de Libre Pensée. Au congrès de Marseille de 1903, Charbonnel exprime aux instituteurs congressistes la sympathie des rédacteurs de *la Raison* et de *l'Action* (2). Lors du congrès du Luc (Var), en 1904, *la Raison* (3) signale la présence, au banquet, de nombreux instituteurs; dans son discours, Allard, député, se déclare « heureux de constater à ses côtés la présence de nombreuses institutrices»;

1. *La Dépêche dauphinoise*, citée par le *Bulletin de la Semaine*, 11 avril 1908.
2. Voir *la Raison*, 9 août 1903.
3. 10 avril 1904.

ensuite, l'instituteur Blanc « vient protester de son dévouement et de celui de ses collègues à la grande cause laïque » ; l'on entend enfin « notre jeune et très sympathique ami, Dol, instituteur à Roquebrune, délégué de la Société de Libre Pensée *la Raison*, et l'un des militants les plus dévoués parmi cette jeune pléiade d'éducateurs qui travaillent si ardemment au triomphe de demain (1). »

Des instituteurs fondent une *Société pour la propagande laïque* qui, en 1905, répand un *Catéchisme républicain*, où l'on peut lire : « Plus de Dieu ! Ce n'est pas seulement l'Église qu'il faut abattre : il faut tuer Dieu (2). »

Les *Amicales*, associations professionnelles auxquelles appartient la presque totalité des instituteurs et institutrices, ne sont pas animées d'un autre esprit. L'article 4 des statuts des Amicales de la Manche porte que « les membres de la Société s'engagent d'honneur à ne point s'occuper des prières et des catéchismes, à ne point accompagner les enfants à l'église sous quelque prétexte que ce soit (3) ». Contre la décision ministérielle qui déplace Thalamas, l'envoyant du lycée Condorcet au lycée Charlemagne après la seconde de ses leçons

1. *La Raison*, 10 avril 1904.
2. Cité par P. Lescœur, *la Mentalité laïque et l'Ecole*, p. 28.
3. *Bulletin des Amicales de la Manche*, cité par *la Réplique d'Indre-et-Loire*, 3 janvier 1909.

sur Jeanne d'Arc, s'élèvent les protestations de nombreuses Amicales, entre autres celles de Meurthe-et-Moselle, Beauvais, Montargis, Saint-Denis, Clichy et de huit arrondissements de Paris.

Dans des réunions temporaires, indépendantes de toute association permanente, les instituteurs manifestent les mêmes sentiments. Le 8 décembre 1904, trois cents instituteurs des XVIIe, XVIIIe et XIXe arrondissement s'assemblent à l'école de la rue Philippe-de-Girard et envoient «à leur collègue et camarade, le professeur Thalamas, l'expression de leur vive solidarité fraternelle et de leur douloureuse émotion devant la mesure aussi injustifiée qu'injustifiable, dont il vient d'être victime (1)».

A leur Congrès de 1904, les instituteurs de la Seine proclament « que, depuis plusieurs années déjà, ils se sont affranchis de l'obligation, édictée par des programmes surannés, de fonder la morale sur l'idée de Dieu ; ... que le terme de neutralité est un mensonge, qu'un enseignement ne peut être neutre». A l'Assemblée générale des Instituteurs et Institutrices publics de la Lozère (2), Barathieu, membre du conseil départemental, déclare que «l'Église est l'ennemie de l'école», et l'Assemblée, à l'unanimité, demande «que l'enseignement du catéchisme

1. Cité par le P. Lescœur, *la Mentalité laïque et l'Ecole*, p. 27.
2. *L'Action*, 3 septembre 1908.

aux enfants d'âge scolaire soit interdit les jours de classe; engage les instituteurs à résister aux réclamations des familles relativement aux livres en usage; se prononce en faveur d'un enseignement laïque obligatoire. »

Pression administrative, conseils de préfets et d'inspecteurs d'Académie, suggestions des journaux, des revues spéciales, de la secte maçonnique, des groupements libres penseurs, des associations professionnelles, tout concourt à renforcer et perpétuer la foi athéistique que les instituteurs ont reçue, à l'École normale, de leurs maîtres. Leurs revues, leurs agissements scandaleux hors de l'école nous les montrent violemment, bassement haineux pour l'Église. Cette haine constitue l'essence même de leur mentalité; elle donne la mesure de leur valeur intellectuelle (1). Ils ont vraiment mérité que Barrès leur infligeât l'épithète d'*Aliborons* (2).

1. Ils sont capables de prendre le Pirée pour un homme et Sainte-Sophie de Constantinople pour une église : Régnier, instituteur public à Marigny (Deux-Sèvres), écrit dans le *Journal des Deux-Sèvres*, sous le pseudonyme de Jacques Nordain, un article où il reproche à notre ancien ambassadeur à Constantinople, Constans, d'avoir eu « la détestable habitude, le jour de la Fête nationale, de paraître en grand uniforme à Sainte-Sophie pour témoigner, par sa présence, de son dévouement à l'Église. » Cité par *l'Écho de Paris*, 17 juillet 1909.

2. *Écho de Paris*, 22 mars 1907.

II

MORALITÉ DES INSTITUTEURS

La presse gouvernementale exploite bruyamment les faits d'immoralité vrais ou faux imputés à un congréganiste; le Gouvernement met en mouvement toute sa machine policière et judiciaire, use de pression, d'intimidation, et alimente de communiqués tendancieux les journaux dont il se sert pour pervertir l'opinion. L'affaire Flamidien est le chef-d'œuvre du genre : illégalités dans l'instruction judiciaire, procédés inhumains du juge instructeur, manifestations séditieuses provoquées dans les rues de Lille par les soins de la préfecture; attaques furieuses de toute la presse anticléricale contre les Frères et leurs écoles, les prêtres et la morale chrétienne; distribution de placards infâmes et de chansons diffamatoires jusque dans les moindres villages; réunions publiques annoncées à grand renfort d'affiches tapageuses; et enfin, lorsque les juges doivent avouer, la rage au cœur, qu'ils ne peuvent faire aboutir leur odieuse machination, les mêmes publicistes continuent de présenter l'accusé comme le pire des coupables et de tenir, pour responsable des actes qu'ils lui attribuent, l'Église tout entière.

Il en va tout autrement lorsqu'il s'agit d'un instituteur public : toutes les influences politiques et administratives sont mises en jeu pour étouffer le scandale ; si cependant il éclate, la presse officieuse se tait, et les journaux d'opposition, loin d'en tirer parti, se bornent en général à le mentionner brièvement ; si, la condamnation intervenue, quelque espoir subsiste d'en supprimer les effets matériels et moraux, les journaux anticléricaux commencent une vive et inlassable campagne.

L'affaire d'Epluches en fournit un récent exemple : l'instituteur est condamné à trois ans de prison par la Cour d'assises de Versailles pour faits d'immoralité sur plusieurs fillettes. Il ne s'agit pas ici de rechercher si cette condamnation est ou non méritée, mais de définir, par contraste avec l'affaire Flamidien, l'attitude des feuilles gouvernementales. Or, sept mois après la condamnation, *le Petit Parisien* et *le Matin* (1) posent déjà la question : « L'instituteur X... est-il innocent? » et, le lendemain, insinuent qu'il « serait innocent (2) »; puis on imprime que « les habitants

1. 5 janvier 1909.
2. *Le Matin*, 6 janvier 1909.

d'Epluches crient bien haut » à la « calomnie », que le village tout entier est « soulevé contre les juges (1) ». Les articles se succèdent; on provoque l'intervention de la Ligue des Droits de l'homme; on s'autorise de la conviction de la femme du condamné, de l'inspecteur d'Académie, de Gabriel Monod, du nouvel instituteur d'Epluches, de l'instituteur d'Orgeval, des directeurs des écoles de l'Isle-Adam et de Pontoise, d'une requête des 1.718 instituteurs de Seine-et-Oise (2). Bien que cette campagne n'aboutisse ni à une revision, ni même à une grâce, au moment de la libération du condamné, les journaux annoncent en manchettes, titres et sous-titres tire-l'œil (3), qu'il est « enfin remis en liberté; les habitants d'Epluches, enthousiastes, lui font un accueil triomphal; sa femme, ses vieux parents lui font oublier l'amertume de la prison ». L'intituteur exécute, à Epluches, une « triomphale rentrée; toute la population lui fait fête »; ce ne sont que « fleurs » et « bravos », de longues embrassades, des vivats, une manifestation d'immense joie. Deux fillettes disent des compliments en remettant des bouquets symboliques: lierre d'amitié, coquelicot de consolation, muguet retour au bonheur, aubépine de l'espoir, calme

1. *Le Matin*, 9 janvier 1909.
2. *Id.*, 16 janvier.
3. *Id.*, 2 juin 1909.

pivoine, myosotis qui n'oublie pas, marguerite innocente, et durable pensée ! Sur les routes, tous les habitants du village et des alentours se pressaient, accouraient, lâchaient des pétards, criaient : Vive l'innocent ! Et ce fut une très douce et très belle journée (1). »

L'Administration possède d'autres moyens de sauvegarder la réputation de son personnel : l'instituteur-adjoint à l'école laïque de Huismes (Indre-et-Loire), est inculpé, sur la plainte d'une quinzaine de familles, de nombreux actes d'immoralité. Onze mois plus tard, on apprend qu'il est, « et depuis longtemps, à l'Hospice général, à Tours, au quartier des aliénés », et si peu malade « qu'on le laisse circuler librement dans tout le quartier » et « qu'il est occupé aux écritures (2) ».

Il arrive aussi que, « toutes les influences maçonniques » étant mises en mouvement », on parvient à obtenir du jury l'acquittement d'un coupable avéré : c'est le cas de cet instituteur dont il est parlé dans *l'Éclair*, accusé d'avoir souillé sept fillettes de son école (3).

Dans certains cas enfin, on se borne à ne pas

1. *Le Matin*, 7 juin 1909.
2. *La Réplique d'Indre-et-Loire*, 29 septembre 19
3. *L'Éclair*, 6 novembre 1907.

donner suite à la plainte. Dans une des écoles maternelles de Paris, un bambin de quatre ans est l'objet de telles brutalités qu'il reste plusieurs jours entre la vie et la mort. Une plainte est déposée en vain (1).

Mais il n'est pas toujours possible d'étouffer le scandale. Des faits nombreux arrivent à la connaissance du public.

L'instituteur de X... maltraite de telle façon un de ses élèves que celui-ci reste atteint de complète surdité. Le tribunal de Chambéry condamne la brute laïque à 20 francs d'amende avec sursis (2).

Un instituteur de M... frappe si violemment un élève de cinq ans et demi, que le médecin constate « de nombreuses ecchymoses siégeant spécialement à l'oreille gauche, l'oreille gauche fortement œdémisée avec un épanchement sanguin très notable ; les deux joues portent très nettement des traces de coups ; on trouve encore des ecchymoses sur le pavillon de l'oreille droite et sur les deux tempes (3) ».

A l'école communale de Villeneuve-St-Georges,

1. *La Libre Parole*, 11 octobre 1899.
2. *Journal d'Indre-et-Loire*, 7 janvier 1901.
3. *Id.*, 2 mars 1904.

les enfants se plaignent d'être constamment frappés avec la dernière brutalité. Les plaintes affluent inutilement auprès de l'inspecteur d'Académie. *L'Autorité* (1), ayant publié ces faits, est poursuivie pour diffamation devant la Cour d'assises de la Seine par le directeur de l'école et neuf instituteurs adjoints; mais, la preuve des sévices ayant été faite, le journal est acquitté (2).

A R..., un instituteur est révoqué pour violences et voies de fait sur ses élèves (3).

L'institutrice de F... inflige aux enfants de si durs traitements que les parents se refusent à continuer de les envoyer à l'école. *L'Écho de Paris* (4), signalant le fait, ajoute que les trente écoliers font grève depuis déjà dix mois.

L'instituteur de M... corrige les enfants en leur faisant manger des excréments de poule (5).

A O..., les élèves de l'école publique, lasses de recevoir des gifles de leurs institutrices, font grève pendant quatre mois (6).

1. 22 avril 1907.
2. *Le Matin, l'Éclair*, 9 août 1907.
3. *Le Petit Journal*, 14 août 1909.
4. *Écho de Paris*, 14 mai 1909.
5. *L'Avenir du Puy-de-Dôme*, cité par *la Libre Parole*, 1er octobre 1907.
6. *Le Siècle*, 8 avril 1909.

Dans une école de B..., un instituteur adjoint frappe de trois coups de bâton sur la tête, pour un mot mal écrit, un de ses élèves. Le médecin délivre « un certificat constatant une commotion cérébrale par suite de chocs violents sur la tête », et « déclare ne pas pouvoir répondre de l'état de l'enfant » ; deux autres médecins sont appelés en consultation par le précédent ; on « pratiquera probablement l'opération du trépan (1) ».

Un professeur de l'École normale d'instituteurs de P..., alcoolique invétéré, se livre à mille excentricités. On le trouve, un matin, loin de sa demeure, nu et évanoui (2).

L'instituteur communal du B... est arrêté pour ivresse manifeste (3).

Dans l'ancienne maison centrale de Clermont (Oise), transformée en *école de préservation*, une des institutrices, âgée de vingt-trois ans, se suicide (4).

Un élève de l'École normale de Blois, âgé de dix-neuf ans, se suicide (5). Du reste, dernièrement, le suicide a régné à l'état endémique dans les lycées.

1. *Le Matin*, 8 juillet 1908.
2. *Le Petit Journal*, 31 octobre 1907.
3. *La Réplique*, 28 mars 1909.
4. *Le Matin*, 15 août 1909.
5. *La Croix*, 21 avril 1899.

Un élève de l'École normale de C..., le 29 mars 1899, tue de quatre coups de couteau un de ses camarades (1). Il est condamné à deux ans de prison en Cour d'assises (2).

Une institutrice, maîtresse d'un pasteur protestant, délaissée par son amant avec l'enfant né de leurs relations, « le cite devant les juges parce qu'il refuse de prendre sa part des frais que coûte la nourrice ou l'éducation du bébé dont il s'est cependant reconnu le père en promettant par lettre une subvention à la mère (3) ».

Dans un chemin de fer départemental breton, je me trouve avec deux institutrices et un instituteur qui se rendent chez eux en vacances; ils prennent un vif plaisir, un quart d'heure durant, à répéter à très haute voix et avec de grands éclats de rire, de façon à forcer l'attention des voyageurs, un absurde et obscène calembour que je ne puis transcrire ici.

Evidemment, nul ne songe dans les sphères administratives à blâmer l'attitude des gentlemen de la Laïque. N'y a-t-il pas, du reste, un principe sacré : messieurs les instituteurs et mesdemoiselles les institutrices sont libres, en dehors des

1. *Le Petit Journal,* 24 mai 1899.
2. *La Croix,* 2 juin 1899.
3. *Écho de Paris,* 8 janvier 1901.

heures de classe, de professer l'opinion qui leur plaît. Libres, oh! combien!

« Certaine institutrice, dont je pourrais dire le nom, a eu un enfant en dehors du mariage et continue, comme par le passé, à diriger une classe. Dans nos grandes villes, le jeudi et le dimanche, de jeunes institutrices se promènent dans les rues les plus fréquentées en des toilettes et des attitudes qui font plus songer à d'autres personnes qu'à des membres du corps enseignant (1). »

A Médeyrolles (Puy-de-Dôme), l'instituteur organise, malgré les règlements et les protestations des familles, la coéducation des sexes. Des faits blâmables sont reprochés aux instituteurs de B... et de P... (2).

L'instituteur de C... est arrêté pour viol de sa propre fillette; celui de B..., pour outrage public à la pudeur (3). Un de leurs collègues du même arrondissement, étant l'objet de nombreuses plaintes pour immoralité, prend la fuite. L'instituteur de M..., étant sous le coup d'une semblable accusation, l'inspecteur primaire fait une démarche auprès des parents, promettant, en retour de leur

1. Du journal protestant *le Signal*, cité par la *Semaine religieuse de Paris*, 16 janvier 1897.

2. *L'Avenir du Puy-de-Dôme*, cité par *la Réplique*, 28 mars 1909.

3. *Libre Parole*, 25 février 1899.

désistement, la révocation des coupables (1). A l'école de G..., se passent de nombreux faits d'immoralité : « Plusieurs enfants seraient contaminés, et l'enquête aurait révélé des faits révoltants. »

Inutile d'ajouter que ces enquêtes, quand elles aboutissent en dépit de l'évidente mauvaise volonté des enquêteurs, ne voient jamais le jour. Elles restent enfouies dans les cartons de l'administration.

Il serait curieux de pouvoir suivre les enquêtés dans leur carrière !

L'instituteur laïque d'A..., accusé d'actes odieux sur plusieurs de ses élèves, se suicide en se jetant à la mer (2). L'instituteur adjoint de C... est arrêté pour « pratiques infâmes perpétrées en pleine classe, presque journellement, depuis un an (3). Un instituteur des environs de B... est inculpé de faits semblables (4).

L'instituteur de B..., homme marié et père de famille, accusé de faits analogues, est envoyé par l'Administration à T... où il récidive : devant les assises, quarante-quatre témoins déposent, presque tous de jeunes enfants dont quelques-uns âgés de six ans ; l'inculpé avoue; il est condamné à quatre

1. *Libre Parole*, 26 février 1899.
2. *Écho de Paris*, 1er mars 1908.
3. *La Réplique*, 9 avril 1909.
4. *Petit Journal*, 23 septembre 1907.

ans de prison (1). Un instituteur adjoint comparaît devant les assises de l'Allier pour attentats criminels (2). L'instituteur de T..., homme divorcé, est condamné à six ans de réclusion pour attentats sur deux de ses élèves (3). L'instituteur du P... disparaît avec un de ses élèves âgé de onze ans. Celui-ci revient au bout d'une année. Son maître, arrêté et traduit devant les assises pour attentat à la pudeur et enlèvement d'un enfant, est condamné à un an de prison (4). Un instituteur adjoint à A... est condamné à six ans de réclusion par la Cour d'assises du Nord siégeant à Douai (5). L'instituteur de V... est condamné à six ans de travaux forcés pour attentats à la pudeur sur plusieurs fillettes confiées à ses soins (6). Il est inutile d'allonger cette liste. Voici un document qui résume les faits.

D'après les statistiques officielles (7), de 1864 à 1894, les condamnations encourues par les professeurs laïques et les professeurs congréganistes donnent, pour 100.000 personnes de chaque groupe,

1. *La Croix*, 10 mai 1899 et 9 juillet 1899.
2. *La Croix*, 15 juillet 1899.
3. *Id.*, 5 novembre 1899.
4. *Petit Journal*, 18 mai 1900.
5. *Écho de Paris*, 10 août 1907.
6. *Id.*, 30 juillet 1908.
7. Citées par *la Libre Parole*, 16 février 1899.

une proportion de 19,21 laïques et 7,70 congréganistes.

Des fonctionnaires de l'enseignement primaire n'hésitent pas à témoigner de l'amoralité ou l'immoralité du corps enseignant et à en attribuer la cause à l'irréligion. Déjà, dans son rapport de 1889, Lichtenberger recueille les aveux significatifs de la plupart des inspecteurs primaires : ils déplorent la nullité de l'enseignement moral dans les écoles, disent que les instituteurs ne comprennent même pas en quoi consiste cet enseignement, citent certains d'entre eux qui confondent l'instruction civique et l'instruction morale et croient qu'enseigner les fonctions des conseillers municipaux c'est enseigner la morale elle-même ! Plus récemment, un directeur d'école écrit, au sujet des « instituteurs que l'influence du milieu ou du libre examen a conduits hors des églises traditionnelles », que « leur vie morale va s'appauvrissant et qu'ils finissent par s'endormir dans le soin exclusif de leurs intérêts personnels et vulgaires ». Et un autre : « Aujourd'hui, toutes les sources de la moralité sont taries pour celui qui ne peut plus croire et que réprouvent les anciennes églises. La sécheresse, l'atonie qui en résultent sont particulièrement funestes à l'éducation nationale (1). »

1. *Revue bleue*, 24 décembre 1898, p. 812-813.

Les cas d'immoralité que nous avons cités présentent trois caractères communs : — difficulté pour les intéressés d'obtenir de la justice qu'elle veuille bien se mettre en mouvement; — silence de la presse gouvernementale; — indifférence des journaux d'opposition dont quelques-uns seulement en font une brève mention parmi les faits divers. Au contraire, si, par hasard, quelque congréganiste se rend coupable d'un acte de ce genre, si même il est simplement l'objet d'une accusation sans fondement, la machine judiciaire fonctionne aussitôt, les autorités s'engagent à fond, une violente campagne est menée dans toute la presse officieuse à grand renfort de manchettes, articles de fonds, informations sensationnelles, et, lorsque l'imputation est reconnue calomnieuse, aucune rectification n'intervient; pour le grand public, le fait reste acquis.

Il y a pis : quand les actes de corruption individuels des instituteurs laïques sont exceptionnellement l'objet de poursuites, leur répression n'est possible qu'en raison d'une législation déjà ancienne que la morale chrétienne a inspirée; si l'on applique encore ces lois pénales, c'est par une concession momentanément nécessaire aux habitudes de familles « encore imbues des préjugés de la morale chrétienne » et dominées par un « idéal religieux qui implique l'asservissement moral de l'homme (1) ». Mais on poursuit secrètement la disparition de ces « préjugés » et la ruine de cet « idéal ». Par opportunisme, on réprime. Dans la réalité, on approuve. L'école de Cempuis avait officieusement tenté de préparer une génération d'adultes pour lesquels les faits jusqu'alors réputés immoraux eussent cessé d'être un scandale.

A Cempuis, en effet, sous couleur de coéducation des sexes, on avait risqué un essai de pédagogie de l'immoralité, on avait créé un lieu de culture pratique de l'instinct génital. École laïque idéale, elle réalisait par avance la future école officielle. Le département de la Seine votait une subvention annuelle de 200.000 francs et confiait ses orphelines et orphelins à cette institution privée qui, si elle devenait compromettante, pouvait être l'objet d'un désaveu. Son fondateur, Robin, avait été appelé d'Angleterre en France, en 1879, par Buisson, et nommé inspecteur primaire. Le directeur du Musée pédagogique, Beurier, louait le « dévoué et ingénieux M. Robin » de l' « éducation primaire des plus complètes » qu'il donnait à ses élèves : il « les exerce à toutes sortes de métiers comme à toutes sortes de jeux. L'éducation des deux sexes se fait en commun, et le directeur n'a qu'à s'en louer. Voilà une école vivante et qui a

1. Beauvoix, instituteur à Aix, article publié dans *l'Aurore*, 10 mars 1908.

bien gagné sa médaille d'argent (1). » En 1892, Buisson prenait part à la « session pédagogique » tenue à Cempuis. Robin le remerciait de ses sympathies « pour les principes d'éducation qui étaient professés à Cempuis et pour les expériences qui s'y accomplissaient », et Buisson y répondait par des paroles volontairement ambiguës sur le sens desquelles le public, mais non les initiés, pouvait se tromper : il proclamait « sa foi dans les idées morales d'éducation et de moralisation par la science et par l'art, par le travail (2) ». Lorsque Robin fut révoqué par le préfet de la Seine, Buisson, alors encore directeur de l'enseignement primaire, protesta contre cette sanction.

L'école de Cempuis était en effet devenue compromettante. On avait voulu aller trop vite. On avait effrayé un public « encore imbu des préjugés de la morale chrétienne. » Il fallait désavouer, au moins pour un temps, d'audacieux mais précieux collaborateurs. La révocation fut prononcée sous la pression de l'opinion. On avait appris que les professeurs, au cours d'une promenade, avaient fait briser par leurs élèves une croix dressée sur le bord du chemin (3). Les élèves se plaignaient

1. *Revue pédagogique*, 1889, XV, p. 562.

2. *Fêtes pédagogiques à l'Orphelinat Prévost : sessions normales de pédagogie pratique*. Imprimerie de Cempuis, 1893.

3. *Le Soleil*, 22 août 1894.

d'avoir subi des châtiments corporels (1). Mais aucun ne se plaignait des plaisirs corporels qu'ils étaient incités à prendre : dans la piscine de l'école et aux bains de mer, où on les conduisait pendant les vacances, 150 garçons et filles, âgés de quatre à seize ans, se baignaient ensemble, complètement nus. Un des instituteurs s'était un jour installé dans une chambre d'hôtel avec une de ses élèves. On signalait divers attentats commis sur les fillettes par leurs instructeurs (2).

Un des surveillants, « G... est surpris en flagrant délit d'attentat à la pudeur sur des enfants de l'orphelinat. M..., autre surveillant, se livre à des attentats à la pudeur sur six orphelines de moins de treize ans. M. Robin soustrait M. M..., à la justice. Il fait quelque chose de plus : il lui donne un certificat de bonnes vie et mœurs (3). » La jeune femme d'un des instituteurs étant sur le point d'accoucher, « le directeur de l'établissement avait émis la prétention de faire assister ses élèves à la délivrance de la mère pour leur montrer que

1. « M. Robin est un homme d'une brutalité inouïe », déclare le Ministre de l'Instruction publique Leygues, interpellé à la suite de la révocation de Robin (séance de la Chambre, 10 novembre 1894).

2. *Libre Parole*, 23 février 1893, 23 août 1894.

3. Leygues, séance de la Chambre du 10 novembre 1894.

les enfants ne se font pas par l'oreille (1) ». A la suite de ces révélations, faites, après *la Libre Parole* (2), par *le Matin*, la préfecture de la Seine répondait, à un rédacteur du *Temps*, qu' « une enquête faite par Mme Pauline Kergomard, inspectrice générale des écoles, n'avait révélé que des faits insignifiants (3) ». Robin déclarait au reporter du *Temps* que ses élèves ne recevaient « pas le moindre enseignement religieux », mais « un » enseignement moral basé sur la pratique (4). Les instincts altruistes de nos enfants se développent librement par le seul fait de l'existence en commun. Tous savent très bien comment s'accomplit la génération, qu'elle résulte de l'accouplement du mâle avec la femelle, de même qu'ils savent que le pollen féconde le pistil et que l'acide sulfurique rougit la teinture de tournesol. Quel danger voit-on à cela ? » Bien mieux, confiait-il à un journaliste du *Matin*, « cette méthode exerce sur les enfants une influence moralisatrice (5) ».

1. *Le Soleil*, 22 août 1894.
2. 23 février 1893, 29 mars 1904 ; 30, 31 mars ; 4, 13, 19 avril ; 1er mai, 10 juin 1894.
3. Cité par *le Soleil*, 22 août 1894.
4. Lire la scène sur laquelle s'achève le curieux opuscule de Tym Floc, *l'abbé Loisy, M. le Dantec, M. Clémenceau font leur prière*, publié par la Renaissance Française, 53, passage des Panoramas, Paris.
2. Cité par *le Soleil*, 23 août 1894.

Mais l'opinion s'était montrée violemment émue de cette culture théorique et pratique de la sexualité et de la précocité sexuelle. Le *Journal des Débats* avait déclaré « l'Administration directement responsable (1) ». Le ministre Leygues, interpellé par les amis de Robin sur sa révocation, dut justifier cette mesure, et 466 députés, contre 40, se hâtèrent de l'approuver (2). Une fois de plus, on rassurait le public en le trompant : on désarmait momentanément ; on désavouait le zèle compromettant d'amis trop pressés de laïciser intégralement l'enfance ; on jetait le voile sur la véritable nature et le véritable but de l'éducation laïque (3).

Nous pouvons maintenant penser avec quelque raison que les instituteurs judiciairement condamnés pour immoralité ne sont pas aussi coupables qu'ils le peuvent, à première vue, paraître : ils continuent en effet de demeurer assujettis aux prescriptions d'une morale qu'ils ont pour consigne de combattre ; ils restent tenus de vivre conformément à l'idéal moral chrétien qu'ils ont pour mission d'arracher de l'âme des enfants. Si cette hypocrite contradiction est indispensable pour réaliser, sans réaction, les transitions nécessaires,

1. Cité par *le Soleil*, 23 août 1894.
2. Séance de la Chambre du 10 novembre 1894.
3. Voir *l'Abbé Loisy, M. le Dantec, M. Clémenceau font leur prière*, par Tym Floc.

les instituteurs publics peuvent en être les victimes. Ceux qui ont commis des actes répréhensibles ou criminels ne font que devancer la législation et les conceptions que nous conservons encore de la morale. Ils se conforment par avance à la morale laïque de demain déjà incluse, grâce à eux, dans la morale laïque d'aujourd'hui.

III

ROLE POLITIQUE DES INSTITUTEURS

Ces instituteurs constituent l'armée de combat dont la République judéo-maçonnique attend la victoire sur l'Église.

Les gens d'État ont couvert ces soldats des plus basses flatteries. En 1887, le président du Conseil municipal de Paris dit aux instituteurs réunis en Congrès : « Vous exercez un superbe sacerdoce (1). » Léon Bourgeois parle à l'instituteur en ces termes : « Tu es le dépositaire du trésor intellectuel et du trésor moral par lequel s'est faite l'unité de la conscience humaine. Tu es le représentant de la raison. Tu es le représentant de l'idée nationale et

1. Cité par Goyau, *l'École d'aujourd'hui*, I, 135.

de la conscience nationale. Tu exerces une espèce de magistrature des mœurs (1). » Berthelot voit en lui le sauveur qui doit « affranchir le peuple des servitudes séculaires de la superstition et de l'ignorance (2) ». Buisson surenchérit : « La République de 1880 a dit à l'instituteur qu'il serait un citoyen libre, une chose sacrée »; l'instituteur et l'institutrice laïques ont montré un « élan merveilleux », dépensé une « somme incroyable et une incroyable ingéniosité de dévouement. A la fois pionniers de la République et pionniers de la libre pensée, ils ont vaincu (3) ».

On ne les exalte que pour les exciter à mieux servir. On attend d'eux qu'ils « créent une race républicaine (4) ». Il s'agit, bien entendu, d'effacer du front de l'enfant toute trace de son baptême et de lui façonner cette pensée serve qui permettra au pouvoir temporel de n'en plus jamais rien redouter. Un peu plus tard, ce même pouvoir songe à s'approprier jusqu'à son corps : sous prétexte de surveiller son développement physique, on tente d'instituer une anthropométrie scolaire;

1. *Manuel général de l'Enseignement primaire*, 1898, p. 50.
2. Discours de Berthelot, ministre de l'Instruction publique, sur la tombe de P. Bert, *Science et Religion*, p. 272.
3. *L'Action nationale*, citée par le *Bulletin de la Semaine*, 16 décembre 1908.
4. Discours de Jean Macé, à Nantes, *Tribune des instituteurs*, 1884, p. 153.

les enfants des écoles municipales de Nice (1) sont pourvus d'une fiche sanitaire où l'on consigne, à côté de leur état civil, toutes les mentions relatives à leur taille, poids, périmètre thoracique, fonctionnement des divers organes : la sollicitude policière de l'État lui dicte ce soin de faire acte de propriétaire sur la chair comme sur l'âme de l'enfant.

« Créer une race républicaine », c'est-à-dire asservie à la puissance séculière, tel est bien le service à longue portée que l'on attend du maître d'école. Mais il appartient encore à son « superbe sacerdoce » de rendre des services immédiats : soumis directement à l'Administration préfectorale, l'instituteur est un agent politique à la solde du préfet : « La manière dont un instituteur fait sa classe, disait un préfet, est sans intérêt pour moi ; ce que je veux, c'est qu'il me serve, et bien (2). » Le Hénaff, inspecteur primaire à Quimper, est envoyé en disgrâce à Ruffec pour n'avoir pas soutenu, à l'élection législative du 28 février 1909, le candidat anticlérical Le Louédec,

1. *Le Matin,* 18 février 1906.

2. *Écho de l'Enseignement primaire,* 17 juin 1894. Parce qu'il apparaît comme *l'homme qui sait,* l'instituteur possède une influence morale considérable que la préfecture utilise. Un paysan me dit, très sincèrement et très naïvement, qu'il croit que « personne ne peut être plus savant que l'instituteur de la commune ».

cependant élu (1). Dans une commune rurale (2), un instituteur a réussi à faire élire maire son beau-père ; aux élections générales, il inspire les électeurs, dans les réunions publiques, « mène le tumulte et étouffe le débat », mobilise ses confrères des hameaux, surveille les urnes, fait boire les votants, leur remet le *bon* bulletin de vote et en contrôle l'emploi.

Courtier électoral, l'instituteur ne doit pas seulement faire l'élection le jour du vote, il doit surtout la préparer de longue main. Pourvu dans presque toutes les communes des fonctions de secrétaire de mairie, il exerce une influence certaine sur la gestion des affaires locales, et il est merveilleusement placé pour recueillir de multiples renseignements ; il joue ainsi le rôle d'espion du préfet. M. de Benoist, député de la Meuse, apporte à la tribune de la Chambre (3) une lettre de sous-préfet demandant à un instituteur de lui « faire parvenir des renseignements confidentiels sur les antécédents, la conduite, la moralité, la situation de famille, les moyens d'existence et l'attitude politique de M. X..., qui sollicite un sursis de période d'exercices, et me faire connaître s'il est

1. *Écho de Paris*, 7 août 1909.
2. Fait cité par Gurnaud, *l'Ecole et la Famille*, p. 144-145.
3. *Journal officiel*, novembre 1903, p. 2988.

digne de cette faveur ». Les instituteurs de l'arrondissement de Saint-Quentin reçoivent un questionnaire :

« ENQUÊTE POLITIQUE ET ÉLECTORALE

« DANS LA COMMUNE...

« 1° Modifications des positions électorales qui ont pu se produire depuis la dernière élection législative ?

« 2° Quelles sont les personnes influentes de chaque parti ?

« 3° Quels sont les rapports des divers partis entre eux ?

« 4° Quelles sont les questions politiques, économiques, locales, qui ont eu un retentissement particulier sur les élections législatives ?

« 5° Quel est le genre de propagande qui convient le mieux (conférences, brochures, etc.) ?

« Dans la circonscription :

« Quel est votre avis sur les candidats possibles et leur chance de succès ? »

Le document est signé du « Président du Cercle démocratique », qui est « l'homme de la préfecture, son inspirateur et son conseil (1) ».

A côté des enquêtes officielles prend place la

1. *Echo de Paris*, 15 mai 1909.

délation officieuse différemment pratiquée suivant le mode que l'instituteur imagine : dans une commune voisine de Dunkerque, de sa propre initiative, un de ces mouchards scolaires dicte ce sujet de narration : « Quels sont les journaux qui sont lus chez vous et pourquoi (1) ? »

Les instituteurs sont groupés en Amicales réunies en Fédération nationale. L'un des associés rappelle que « M. Chaumié a expressément affirmé que l'instituteur et l'institutrice avaient le *devoir* de répandre partout la vérité républicaine et l'amour de la République » ; et il ajoute : « Nous allons travailler avec méthode et ensemble à réaliser ce *devoir* » ; nos « 80.000 propagandistes de l'idée républicaine » devront « soulever cette lourde pierre que l'enseignement clérical pose sur les cerveaux ; nos fédérations départementales auront chez elles à laïciser la laïque (2) ».

Une telle force peut devenir, pour ceux qui l'emploient, un danger. Après avoir fait de la politique à la suite du préfet, les instituteurs tendent maintenant à faire de la politique contre lui s'ils l'estiment trop modéré. Suscitant ainsi des difficultés au Gouvernement, ils apparaissent à quelques-uns comme un péril pour l'État qui a eu le

1. *Libre Parole*, 22 avril 1909.
2. *Petite République*, 27 mars 1903.

tort de faire de ces collaborateurs presque un État dans l'État.

Les petits airs de révoltés que prennent les instituteurs n'ont d'autre cause réelle que l'insuffisance des avantages assurés à la profession : la corporation des primaires ne menace le Gouvernement que pour en soutirer de l'argent et des privilèges, un relèvement de solde et des exemptions militaires. L'instituteur débute à 1.000 francs, arrive à 3.000 francs, est en outre logé, presque toujours pourvu du poste rémunéré de secrétaire de mairie, souvent marié à une institutrice. De nombreux ménages de ce genre gagnent plus de 5.000 francs par an dans de modestes villages (1). Ils y joignent fréquemment le prêt à usure aux paysans ; et plus d'un budget communal pourrait même se plaindre de leurs malversations. Enfin les exemptions des périodes de réserve et de territoriale sont couramment accordées.

Néanmoins le recrutement des écoles normales se fait de plus en plus difficilement ; les avocats de la laïque dénoncent ce péril (2) et conjurent qu'il y soit porté remède. Ces instituteurs, dont on

1. A Horsarrieu, village landais de 570 habitants, l'instituteur et l'institutrice, M. et Mme Bonnefemme, tirent de leur poste un revenu annuel de 5.000 francs. Voir Gurnaud, *l'École et la Famille*, p. 129.

2. Voir Buisson, *Manuel général de l'Instruction primaire*, 3 janvier 1903.

vantait le généreux dévouement, l'esprit de sacrifice, ces saints laïques, ces prêtres de l'église nouvelle, demandent qu'on les paie mieux encore et qu'on ne les assujettisse plus à mettre sac au dos. Lorsqu'on fait appel à leur esprit d'apostolat pour créer et faire vivre les œuvres post-scolaires, ils protestent contre ce surcroît de travail sans salaire et s'y refusent (1) : ils pratiquent pour eux-mêmes la morale utilitaire dissimulée sous leurs protestations d'altruisme et exploitent l'idée de solidarité pour exiger une amélioration matérielle toujours plus grande de leur situation. Jaloux les uns des autres et indisciplinés, les adjoints sont en lutte constante avec les titulaires, et tous avec les directeurs d'école auxquels ils reprochent de commander, blâmer, noter, et, durant que se fait la classe, de se chauffer dans leur bureau. Mais surtout ils reprochent à l'État de ne pas apprécier à leur valeur les services qu'ils lui rendent. « Depuis 1880, nous avons été leurrés », déclarent-ils ; « si les écoles normales sont aujourd'hui

1. Le 10 novembre 1904, l'Assemblée générale de l'Émancipation de l'instituteur, « considérant que le travail du personnel enseignant augmente de plus en plus sans que les émoluments suivent, comme il serait équitable, la même progression, émet le vœu que tous les instituteurs et institutrices cessent de prêter leur concours aux diverses œuvres post-scolaires. » (*La Démocratie universitaire*, 25 novembre 1904, p. 212.)

désertées », l'unique « cause en est à l'insuffisance de nos traitements (1) ». Cependant M. Aulard estime que « la perspective de faire un an de service a », elle aussi, « éloigné les candidats aux écoles normales primaires et que le recrutement des instituteurs deviendrait impossible tout à fait si la loi militaire de deux ans n'était pas violée par un privilège en leur faveur (2) ». Bayet développe longuement la même idée : il remarque que jamais le nombre de candidats-instituteurs n'a été si faible que lorsqu'il fut question, en 1889, de leur faire faire un an de service militaire dont ils étaient jusqu'alors totalement exemptés ; or la loi nouvelle leur impose deux années de service ; elle est donc susceptible de porter « un coup funeste à l'enseignement primaire ». Déjà « les écoles normales d'instituteurs sont de plus en plus abandonnées : il n'y a pas pour la France, c'est-à-dire pour le progrès et la pensée libre, de danger plus grave que celui-là » ; accordez la dispense et relevez les traitements, « ou préparez-vous à voir dans cinq ans, dans dix ans, l'enseignement laïque ralentir sa marche, s'arrêter, s'enlizer et faillir, en pleine bataille, à sa tâche émancipatrice (3) ». Steeg, rap-

1. Lettre de Biergevin, directeur de l'Ecole publique de Deuil, Seine-et-Oise, à *l'Éclair*, 8 septembre 1904.

2. *Eclair*, 8 septembre 1904. Voir un article d'Aulard, de *l'Aurore*, 31 août 1904.

3. *L'Action*, 13 juin 1903.

porteur du Budget de l'Instruction publique, rappelant l'augmentation de 36 millions dont ce budget a bénéficié entre 1903 et 1908, estime que « cette modeste amélioration est insuffisante. A l'heure où recommence la vieille guerre contre l'Université, il serait fâcheux d'aller à la bataille avec des troupes aigries ou résignées ; il faut leur assurer l'indépendance matérielle et la sérénité joyeuse qui ne va pas sans elle. Le Parlement se doit de les arracher à l'obsédante et déprimante angoisse d'une vie médiocre et besogneuse (1) ».

Pour faire prévaloir leurs exigences, les troupes primaires s'organisent contre leurs chefs et menacent de se mutiner. La Fédération nationale de 117 Amicales comptant aujourd'hui 90.000 instituteurs proteste contre « l'intention des gouvernants » de les traiter en « agents électoraux que les préfets pourront récompenser ou briser selon la nature de leurs rapports avec les politiciens puissants du jour » (2). Déjà la révocation de l'instituteur Roux-Costadeau pour propagande révolutionnaire a provoqué les violentes protestations de ses confrères (3) ; l'affiliation du Syndicat d'Instituteurs de Maine-et-Loire à la Confédération générale du Travail a déterminé un long conflit avec le préfet

1. *Le Matin*, 27 octobre 1908.
2. *Le Matin*, 24 juillet 1909.
3. Voir *l'Écho de Paris*, 14 novembre 1908.

de ce département ; le préfet d'Eure-et-Loir ayant rapporté, à la demande du député Lhopiteau, l'arrêté de nomination d'un instituteur, l'Amicale du département a exigé et obtenu du député une lettre d'excuses (1).

Mais l'État n'a qu'à mettre plus de foin dans le râtelier d'Aliboron pour qu'Aliboron cesse de braire.

Comme vient de le déclarer à Nancy l'instituteur Guérin, dans son Rapport au Congrès de la Fédération des Amicales (2) : « Les instituteurs restent les grands électeurs de ces messieurs les hommes politiques républicains. » Les 120.000 instituteurs et institutrices sont et demeurent la garde prétorienne de la libre pensée. Les gardes prétoriennes ne sont un danger que pour les maîtres maladroits ; elles se révoltent quand on ne leur accorde pas une part suffisante de butin. Tenons pour certain que l'État paiera, et sans qu'il lui en coûte ; une fois de plus les chrétiens acquitteront les frais de la guerre qui leur est faite.

Concluons.

A ces anticléricaux ignares, immoraux, prompts

1. *La Révolution*, 3 mars 1909.
2. Séance du 9 août 1909. Voir *Écho de Paris*, 11 août 1909.

contre salaire à toutes les basses besognes de police politique, à ces maîtres de corruption est livrée la jeunesse française.

CHAPITRE IV

L'ENSEIGNEMENT PAR LE LIVRE LES MANUELS SCOLAIRES

Après avoir analysé la pensée des créateurs de l'enseignement laïque et du fondateur des séminaires d'instituteurs, nous avons vu ce que valent les membres du personnel enseignant. Il reste à examiner les livres (1), dont ils imposent l'usage et les leçons orales qu'ils font à leurs élèves.

I

DIVERS LIVRES SCOLAIRES

L'enseignement théorique donné aux élèves doit se borner aux connaissances scientifiques et historiques susceptibles de les affranchir de l'in-

1. Les phrases en italiques dans les fragments qui seront cités sont en italiques dans le texte même des ouvrages.

fluence de l'Église (1). » Ce principe inspire toute l'activité enseignante de l'État.

Mais l'État ne se contente pas de gérer le domaine scolaire public. Il s'arroge le privilège d'intervenir dans le domaine scolaire privé ; au mépris de la liberté d'enseigner, au mépris du droit de l'individu à exprimer ou cultiver librement sa propre pensée, l'Inquisition laïque recherche, parmi les livres dont à l'école chrétienne il est fait usage, ceux qu'elle estime dangereux, et, par arrêtés ministériels, les interdit (2). Elle ne met pas seulement à l'Index des *Histoires de France* (d'Auzou, de Vandepitte, de Melin, de Courval, de Gagnol, etc.), l'*Instruction morale et civique* d'Orsay, les *Leçons d'agriculture élémentaire* des Frères de Ploërmel, — mais même des ouvrages religieux : *les Lettres chrétiennes en France au XIXe siècle* (éditeur, Casterman), *Petite histoire de l'Église,* par l'abbé Vandepitte, *la Religion démontrée,* par le P. Hillaire.

Sous la pression administrative, les écoles libres et les familles chrétiennes sont amenées à faire usage des moins mauvais parmi les manuels que l'esprit laïque inspire.

Dans une famille pieuse dont les tout jeunes

1. *La Lanterne,* 15 décembre 1908.
2. Voir la liste publiée par le *Bulletin de la Semaine,* 23 septembre 1908.

enfants sont instruits à domicile, je constate l'emploi de l'*Histoire de France* (1), année enfantine, de Jean Bedel. On y lit le mot de Clovis à Tolbiac : « Dieu de Clotilde, si je gagne la victoire, je me fais baptiser (2) ! » On y apprend que Charlemagne s'exclama : « Par le Dieu du ciel (3) ! » Que la prédication de la première croisade fut accueillie aux cris de : « Dieu le veut(4) ! » L'auteur n'a donc pas revisé le texte de façon à l'expurger du mot « Dieu ». Un tel livre outrage évidemment la liberté de conscience des libres penseurs.

Mais la première fois qu'il y est question du pape, c'est pour le présenter comme un souverain ennemi de la France, ayant la prétention de régner sur elle et provoquant une lutte pour l'indépendance : « Le roi Philippe le Bel était en querelle avec le pape. Philippe le Bel voulut se faire soutenir par la nation. Il convoqua les États Généraux... Les États Généraux donnèrent raison au roi et dirent : — Très noble prince, le peuple de votre royaume supplie que vous ne reconnais-

1. « Inscrite sur la liste des ouvrages fournis gratuitement par la ville de Paris à ses écoles communales », 8e édition, 1906, chez Colin.

2. *Histoire de France, année enfantine*, par Jean Bedel, p. 11.

3. *Id.*, p. 13.

1. P. 21.

siez autre souverain hormis Dieu (1). » Par conséquent, l'auteur ne cède sur le terrain déiste que pour prendre l'offensive sur le terrain chrétien.

Il n'écrit pas que Jeanne d'Arc entendait, mais qu'« il lui semblait entendre les voix de sainte Catherine, de sainte Marguerite et de saint Michel (2) ». Si les Anglais furent chassés, c'est que « Jeanne avait tant de bravoure et tant de confiance en ses saintes qu'elle enflammait le courage des hommes d'armes (3). » La victoire est expliquée par une sorte de suggestion. La suggestion contraire explique la défaite ; après le sacre du roi, « elle était toujours vaillante, mais elle n'avait plus en elle la confiance d'autrefois. Un jour, à Compiègne, elle fut prise et livrée aux Anglais (4). »

Enfin, sur le terrain chrétien, l'Église est malmenée. « En Allemagne, un moine nommé Luther demanda que la religion catholique subît une *réforme*. En France, Calvin en fit autant. La *Réforme* fut le sujet de *guerres de religion*, longues et cruelles, entre les catholiques et les *calvinistes* (5) ». Loin de montrer Luther en guerre contre l'Église, le manuel le présente comme exprimant le désir d'une réforme légitime. Et l'on

1. P. 22.
2. P. 26.
3. P. 27.
4. P. 27.
5. P. 37.

dissimule que l'Église, au XVIe siècle, s'est réformée elle-même. Rien de plus ne serait enseigné de la Réforme et des guerres de religion, si toute une page (1) n'était consacrée à décrire la Saint-Barthélemy et si une image n'en retraçait un épisode.

L'enfant apprend de Henri IV qu' « il était protestant (2), » mais non qu'il abjura le protestantisme en devenant roi. A cette question : « Que fit Richelieu ? » on répond : « Richelieu fit la guerre aux *protestants* (3). » Aucune explication sur la nature de cette guerre ; les violences de Richelieu ne s'adressent pas à un État protestant interne à l'État français et son ennemi, mais à la Religion protestante qui prend ainsi figure de perpétuelle persécutée.

On justifie les excès de la Révolution, car, si « la Convention gouverne par la *Terreur* », c'est qu'elle est « menacée » ; alors « tous ceux qui sont suspects de vouloir le rétablissement de la royauté sont arrêtés, jugés, condamnés à mort... En cette année 1793, tout le monde est furieux et farouche de peur (4). »

A la IIIe République on décerne cet excessif éloge : « La République s'est appliquée à organiser

1. P. 38.
2. P. 39.
3. P. 41.
4. P. 56.

l'armée, à répandre l'instruction, à créer des richesses à la France par la conquête de colonies. Elle a le droit d'être fière d'avoir si bien relevé la Patrie des désastres de 1870 (1). »

Les livres dont les instituteurs laïques font usage comprennent des livres de prix et des livres d'étude, soit anciens soigneusement expurgés de toute terminologie spiritualiste, soit nouveaux, écrits dans un esprit de haine combative contre l'Église.

Le délégué cantonal attaché à une école laïque du XVIIIe arrondissement de Paris envoie au directeur de l'école, comme ouvrages de prix, *Sapho*, d'Alphonse Daudet, *Étude sur les Jésuites*, de Michelet, *Instruction morale*, de Gustave Hervé (2).

Dans les grammaires, les exemples empruntés aux croyances spiritualistes ou chrétiennes, et, dans les morceaux choisis d'auteurs, les mots ou phrases inspirés du même esprit, sont impitoyablement supprimés. Ainsi, dans les *Fables* de La Fontaine, à « pourvu que Dieu lui prête vie » on a substitué « pourvu qu'on lui laisse la vie ».

Dans un livre de lecture fort répandu, *le Tour de France par deux Enfants*, la gravure représen-

1. P. 69.
2. *Écho de Paris*, 30 juillet 1908.

tant la cathédrale de Reims est remplacée par une carte de géographie; le nom de la chapelle Notre-Dame de la Garde est remplacé par « le château d'If »; dans le chapitre concernant Paris, on ne parle plus ni de Notre-Dame, ni de l'Hôtel-Dieu. L'auteur avait cité, à propos de Pierre Puget, son *Martyre de saint Sébastien* : le nom de cette œuvre est rayé. « Mon Dieu! » est remplacé par: « Hélas (1)! » et par « Oh (2)! » ou supprimé purement et simplement (3); au lieu de: « Seigneur Dieu! » on lit: « Pauvres orphelins (4)! » Etc.

Parmi les livres nouveaux :

— La *Langue française*, grammaire de Decolly, Pagnoz et Pérout, directeurs d'écoles (5), donne cet exemple : « Vous et vos sœurs écarterez de votre esprit la croyance aux choses surnaturelles (6). »

— Dans un « livre de lecture adopté dans les écoles », Junius (7) lit : « Les superstitieux sont bien malheureux. Ma bonne grand'mère n'osait rien commencer un vendredi ni le 13 du mois. Si elle avait oublié de faire une croix sur le pain

1. *Le Tour de France*, p. 7.
2. *Id.*, p. 70.
3. P. 16.
4. P. 10.
5. Cité par Gurnaud, *l'École et la famille*, p. 38.
6. *Langue française*, p. 45.
7. *Écho de Paris*, 8 juillet 1908.

avant de l'entamer, ou de porter sur elle un sou percé, si elle entendait hurler un chien, croasser les corbeaux, elle s'attristait. » Une pratique pieuse est introduite au milieu de pratiques superstitieuses. « Désormais, remarque Junius, l'enfant rira si sa mère porte un sou percé, et il aura raison. Il rira aussi, celui dont la mère, au moment d'entamer le pain, tracera une croix, de la pointe du couteau, sur la croûte dorée. Et cependant quelle jolie idée dans ce geste de la ménagère ! C'est un remerciement, une prière, une consécration... »

— Dans le *Manuel de lectures classiques*, d'E. Primaire (1), dix lectures sont consacrées aux « martyrs de la Libre Pensée ».

— Dans les *Lectures expliquées*, les auteurs Prot et Déret déclarent en avoir « éliminé résolument tout ce que la science et la raison rejettent ou condamnent » et n'y avoir accepté que « ce qui est laïque et républicain ». Nous connaissons le sens de ces formules.

— Le *Manuel d'éducation morale et civique*, de Dès, instituteur, et Mme Dès, inspectrice d'écoles maternelles, est, dans son édition de 1900, spiritualiste, et, dans son édition de 1902, athéiste : « Maman, qui a fait les étoiles ? — On n'en sait rien, mon fils. » Celui-ci demande encore : « C'est parce qu'il faut aimer Dieu que ceux qui croient à

1. Cité, ainsi que les deux ouvrages suivants, par Gurnaud.

son existence vont à l'église? — Oui, mais ils pourraient se passer d'y aller et plaire cependant à Dieu. » Les auteurs taisent que les païens ont massacré les chrétiens; les protestants, les catholiques; que les libres penseurs ont commencé d'entrer dans l'histoire comme de sanglants persécuteurs; qu'ils n'ont cessé de tuer légalement que pour tyranniser légalement; et que, s'ils quittent le poignard pour la loi, ils retournent, dès qu'ils le peuvent, au meurtre et à l'incendie. Mais les auteurs enseignent à l'enfant qu' « au nom du Dieu des Chrétiens on a persécuté les païens, massacré les Albigeois, les Vaudois, les protestants, les libres penseurs; qu'au nom de ce Dieu on a fait les autodafés, la Saint-Barthélemy, les dragonnades; qu'au nom de ce même Dieu on nous menace encore aujourd'hui de châtiments terribles et sans fin »; et la leçon s'achève sur cette affirmation : « La raison humaine triomphera du fanatisme des religions. »

La contre-catéchisation de l'enfant s'effectuant surtout par l'enseignement de la morale et de l'histoire, il est nécessaire de procéder à l'analyse détaillée de quelques-uns des principaux manuels : les *Manuels de morale* de Burdeau et de Bayet et le *Manuel d'histoire*, cours moyen et cours supérieur, d'Aulard et Debidour.

II

LA MORALE DE BURDEAU

Voici, d'après le *Manuel de morale*, de Burdeau (1), le contenu de la morale qui doit être enseignée à l'école primaire :

« Il faut obéir » aux parents « par bon sens, par reconnaissance et par devoir (2) ». Puis sont énumérés « les devoirs des enfants, d'après le Code (3) ». Le bon sens, la reconnaissance et le devoir fondent l'obéissance des enfants à leurs parents. Le Code exprime leurs obligations et les sanctionne : « Les enfants mineurs doivent le respect et l'obéissance à leurs parents. S'ils y manquent, ils peuvent être enfermés pour un mois ou pour six mois dans une maison correctionnelle (4). » Il n'y a donc plus de loi divine, mais seulement une loi humaine.

« Arrivé à sa majorité, l'enfant doit continuer à entourer ses parents d'*honneur* et de *respect*. Ainsi parle la *loi française* (5) ». Par là, on met la conscience morale de l'élève en relation, non avec

1. *Manuel d'éducation morale*, par A. Burdeau, « Cours du certificat d'études », cours moyen, 6e édition, Picard et Kaan, Paris.
2. P. 8 et 9.
3. Chap. III, p. 15-21.
4. P. 19.
5. P. 17.

Dieu, mais avec l'homme : l'homme fait la morale. On enseigne indirectement à l'enfant que la morale n'a pas sa source dans la religion, que l'intervention de la religion dans le domaine moral est inutile. On induit l'écolier à penser que la morale, étant d'origine purement humaine, dirige moins l'activité de l'homme qu'elle ne l'exprime ; on l'amène, s'il réfléchit, à conclure qu'en devenant homme il devient capable de formuler les règles morales ; autrement dit, que celles-ci se traduisent dans la vie même du sujet et qu'elles sont ensuite codifiées par l'État. Le code remplaçant le Décalogue, les obligations morales se réduisent à des obligations légales ; la conscience devient justiciable de la puissance séculière ; l'homme de police est institué confesseur, et le juge est juge au for intérieur. C'est apparemment ce que les anticléricaux entendent par libérer la conscience et séculariser l'État : la conscience est serve du pouvoir laïque ; l'État devient une Église régnant par la force sur les âmes.

Après les devoirs envers les parents viennent les « devoirs envers l'instituteur (1) », qui « est un magistrat (2) » ; les devoirs envers les frères et sœurs, les camarades et les vieillards (3) ; « le

1. Chap. IV.
2. P. 22-24.
3. Chap. V.

respect de soi-même (1) », qui consiste dans: 1° « l'hygiène (2) et la gymnastique »; 2° la tempérance (3) »; 3° « la politesse »; 4° la « franchise ». Ce sont enfin les devoirs de « politesse et bonté » envers les serviteurs et de « douceur envers les animaux (4) ».

Le chapitre suivant développe cette idée que « tout homme doit travailler ». Le chapitre IX est consacré à « la liberté du travail et du commerce, le libre échange et la protection ». Le chapitre X, au « travail » et au « capital », « l'ouvrier et le patron, la propriété et l'épargne ». Le chapitre XI, « au respect des personnes, des propriétés, des consciences »; critique de l'esclavage, droit à la liberté de conscience, devoir de tolérance en matière religieuse. Le dernier chapitre concerne « Humanité et Patrie ».

En résumé, sur douze chapitres, cinq sont consacrés à des notions d'économie politique et à des idées générales; un chapitre est fraternellement consacré à la fois aux domestiques et aux animaux. Il reste six chapitres seulement pour la morale individuelle et familiale; les trois premiers

1. Chap. VI.
2. Être propre, se bien laver et bien aérer son logis.
3. Ne pas faire d'excès de table, n'abuser ni des boissons, ni du tabac.
4. Chap. VII.

prêchent l'obéissance aux parents ; le IVe, à l'instituteur ; le Ve, les devoirs à l'égard des frères, sœurs et camarades ; un seulement, le VIe, énonce les devoirs à l'égard de soi-même et se résument en : hygiène et gymnastique d'abord, puis tempérance, puis politesse, enfin franchise. Le devoir social de n'être pas un voleur est égaré au milieu d'une des cinq leçons qui composent le chapitre XI sur le respect des personnes, des propriétés et des consciences.

On remarquera la place importante qui est faite à l'instituteur : il vient après les parents et avant les frères et sœurs, et il est considéré comme l'équivalent, le substitut du père : « Mon père me dit toujours qu'*il veut que je respecte M. l'Instituteur* et que je lui obéisse comme j'obéirais à lui-même. — Votre père a raison (1). »

Naturellement il n'est pas question de Dieu et de son Église. Mais on voit assez que Dieu est remplacé par l'État, et que l'instituteur est un prêtre d'État (2) qui, pour se faire respecter, dispose de toutes les ressources de l'Inquisition laïque : la loi, la police, le gendarme, le juge, l'amende, la prison.

1. P. 22.

2. « L'instituteur est comme un *magistrat*, c'est-à-dire un *représentant de l'État*, et c'est *la France* elle-même qui l'a chargé de vous donner l'instruction » (p. 23). « L'instituteur est aussi un magistrat de l'État : c'est la France elle-même qui le nomme pour combattre l'ignorance comme un mal public » (p. 27).

Sans aucun doute, cette morale est celle d'un peuple sorti de la nuit du Moyen Age et libéré du joug clérical.

Au début même du manuel, l'auteur pose le double principe de la prééminence de la science et de l'État : la science fait la conscience ; la loi, la morale. « Pourquoi est-il si nécessaire que vous sachiez lire ? Parce que les livres vous aideront à être des *hommes éclairés, justes et bons*. Tout le savoir que votre maître tâche de vous donner, il vous le donne afin que vous vous en serviez pour devenir des *hommes de bien* (1). » Et ensuite : « *Dans la loi*, l'éducation morale se trouve inscrite en tête de toutes les connaissances que sont obligés d'apprendre tous les enfants de France (2). »

Dans le texte du manuel abondent les affirmations qui demanderaient une démonstration : « *Il faut obéir* (à ses parents) *par obligation*. L'obéissance est *avant tout un devoir* (3). » Pourquoi ? « *Le devoir est sacré, le devoir est inviolable* (4). » Pourquoi ?

A ces assertions justifiables, mais non justifiées, s'ajoutent de nombreuses affirmations absolument fausses : « La famille est l'école où l'on apprend la

1. P. 4 et 5.
2. P. 5.
3. P. 11.
4. P. 11.

pratique de tous les devoirs (1) ». Combien d'enfants deviendraient terriblement vicieux s'ils n'apprenaient à pratiquer d'autres devoirs que ceux que leur famille leur enseigne ! « *C'est toujours l'intérêt* de l'enfant d'obéir à ses parents (2). » Il est bien certain que non. « Il n'est personne qui ne s'incline devant ce mot *devoir*. Le devoir est irrésistible (3). » C'est tout le contraire qui est vrai. « Un homme sans instruction est souvent un *ouvrier médiocre*, et par conséquent mal payé. Un homme sans instruction est presque forcément un *médiocre citoyen :* il ne peut pas juger *les affaires de la nation*. Enfin un homme sans instruction ne fait pas un bon *défenseur du pays*. Le soldat lui-même a besoin d'une certaine *science de la guerre* (4). » L'enfant ainsi enseigné est nécessairement incliné à croire que, parce qu'il a son certificat d'études primaires (5), il a de l'instruction, et qu'ayant appris à lire, écrire et compter, il sera un ouvrier bien payé, un citoyen apte à juger les affaires de la nation, un soldat capable d'acquérir la science

1. P. 7.
2. P. 9.
3. P. 11.
4. P. 23.
5. On inculque en effet la foi en la vertu du diplôme : aujourd'hui, « les maîtres abondent, et, sans les flatter, on peut dire qu'ils sont tous instruits; ils ont obtenu des brevets qui prouvent leur capacité. » (*Id.*, p. 26.)

de la guerre (1). Nourrissant de ces idées fausses les enfants, l'instituteur primaire prépare des adultes affligés d'une mentalité de primaires.

Mais surtout la *Morale* de Burdeau s'attache à fournir l'État de sujets dociles : elle prêche avec insistance l'entière soumission de l'individu à la loi, quelle que soit la loi. La leçon sur « le respect des consciences (2) » traite plutôt de la suprématie de la loi sur les consciences : « En France, on peut suivre la croyance qu'on veut. C'est ce qui s'appelle *la liberté de conscience*. Bien entendu, là comme en toutes choses, *il faut respecter aussi... les lois. La loi passe avant tout* (3) », par conséquent même avant la liberté de conscience. Et l'on insiste à nouveau sur ce point : « On ne peut pas professer une religion contraire aux lois : la loi passe avant tout (4). » Ainsi donc, on est libre de suivre une

1. « Celui qui a laissé son esprit croupir dans l'ignorance n'arrivera que très difficilement à acquérir cette science (de la guerre), et il restera un soldat de peu de ressources, à moins de demeurer, comme autrefois, sept ans et plus sous les drapeaux. Sans compter que son courage lui-même et son *amour pour la patrie* seront bien plus exposés à faiblir dans les moments de dangers, de privations et de revers : il ne sera pas réconforté par la connaissance de toutes les belles et grandes choses qu'on apprend dans les livres et surtout dans l'histoire de France. (*Id.*, p. 23).

2. P. 85-91.

3. P. 86.

4. P. 89.

religion à moins que la loi ne le défende. La conscience, libre vis-à-vis des religions, n'est pas libre vis-à-vis de l'État; la loi de l'État est supérieure aux droits de la conscience; la loi oblige la conscience. Cette formule est essentiellement antichrétienne. Le Christianisme a proclamé, contre le paganisme oppresseur, la proposition contraire.

Le *Manuel* soutient encore, en contradiction avec le principe précédemment énoncé par lui, qu' « il ne doit pas y avoir de religion d'État, parce que la religion est l'affaire de chacun (1) », et que « persécuter sans raison un culte » entraîne à « des cruautés inutiles » ; — de quoi l'on donne un seul exemple, la révocation de l'édit de Nantes : « Louis XIV voulait forcer les protestants à se faire tous catholiques (2). » Le seul cas d'intolérance que l'on cite aux enfants est l'acte d'intolérance d'un État catholique. On leur apprend donc à ne considérer l'injustice que chez leurs seuls coreligionnaires. Les élèves ne connaîtront qu'une sorte de persécuteurs, les catholiques ; qu'une sorte de persécutés, les protestants.

Quant à la valeur intrinsèque des diverses religions, elle est présentée comme équivalente : « Tout homme qui pratique de bonne foi une religion est digne de votre estime. Qu'il soit catholique, pro-

1. P. 86.
2. *Id.*

testant ou israélite, ou bien indépendant de ces diverses religions, en adorant *Dieu*, il obéit à ses convictions, il suit son devoir tel qu'il le comprend », il obéit « à ses *devoirs envers Dieu* (1) ». On confond donc volontairement, et l'on apprend à l'enfant à confondre, le respect de la sincérité d'autrui et le respect de sa croyance. C'est qu'on entend insinuer que les diverses religions ne sont ni vraies ni fausses, mais qu'elles se valent. Dans cet unique passage où l'on parle de la variété des religions, on enseigne l'indifférentisme religieux. On donne ainsi à l'enfant un enseignement contraire à sa foi dont l'enseignement fondamental est que cette foi a une valeur propre qu'elle tire de ce qu'elle est la vérité.

Lié à la loi civile, détaché de la loi religieuse, l'enfant est enfin divorcé d'avec Dieu. On conclut en effet de la manière suivante : « Rien de plus respectable que toutes ces croyances. Ne les blessez donc jamais, et, pour cela, ne prononcez jamais légèrement le nom qui les résume : *celui de Dieu* (2) ». Dieu se réduit à un mot qu'il ne faut pas prononcer légèrement pour éviter de blesser les croyances d'hommes sincères. Dieu n'étant qu'un « nom » qui « résume des croyances », il ne saurait y avoir de devoirs particuliers envers lui ; ce sont

1. P. 87.
2. *Id.*

« tous nos devoirs sans exception » qui sont « des devoirs envers Dieu (1) ». Remplir ses devoirs vis-à-vis de soi-même, sa famille, l'instituteur, la propriété, la loi de l'État, c'est remplir tous ses devoirs envers Dieu.

Cependant la simple mention de « devoirs envers Dieu » donne au livre de Burdeau un aspect jugé trop clérical aujourd'hui. Aussi ce manuel, employé dans la période de ménagements que dictait une prudence opportune, est-il aujourd'hui supplanté par la *Morale et Instruction civique* de Bayet et Aulard, qui, en 1907, atteignait son 77e mille.

III

LA MORALE DE BAYET

Dans cet ouvrage (2) il n'est plus question de Dieu et des devoirs envers Dieu. L'auteur déclare que « la morale enseignée dans ce manuel est laïque et positive, c'est-à-dire indépendante de toute

1. P. 90.
2. *Morale*, par Albert Bayet, agrégé de l'Université, ancien élève de l'École normale supérieure, avec les *Éléments d'instruction civique*, par Aulard, professeur d'histoire en Sorbonne. Collection Aulard pour l'enseignement primaire. Cours moyen, 77e mille, 1907, Cornély, Paris.

confession religieuse et de tout système métaphysique sur l'inconnaissable (1) ». Cette morale n'est donc pas seulement positive, elle est positiviste. Elle a la prétention d'être neutre; mais elle l'est autant que le serait une morale musulmane enseignée à des enfants chrétiens.

La morale « s'appuie sur quelques faits simples que des enfants peuvent aisément comprendre et vérifier. L'autorité des lois morales étant fondée sur ces faits, nous avons supprimé les chapitres relatifs à l'existence de Dieu et aux devoirs de l'homme envers Dieu », car « ils pouvaient blesser certaines convictions (2) ». Mais il importe peu que leur suppression blesse certaines autres convictions : la conviction de l'athée est respectable, celle du déiste ne l'est pas. Et cette distinction est aussitôt accentuée : « Ces chapitres, qui pouvaient blesser certaines convictions, ont été remplacés par d'autres dans lesquels nous énumérons les principales religions et nous indiquons la différence entre les vérités scientifiques, que l'ignorant seul peut refuser d'admettre, et les croyances religieuses et métaphysiques que chacun de nous a le droit d'accepter, de rejeter ou de modifier à sa guise (3). » Autrement dit : la science s'impose à

1. P. I.
2. *Morale*, par Bayet, p. I.
3. *Id.*, p. I, II.

l'homme, mais l'homme fait sa religion ; la science est vérité et réalité ; la religion, création arbitraire de l'homme. La vérité scientifique est donc présentée comme ayant la valeur que les croyants attribuent à la foi. L'école laïque enseigne la religion de la science et le mépris de la religion.

Le caractère antichrétien de ce *Manuel de Morale*, s'il n'était avoué par l'auteur, se dégagerait de ce seul fait que les vingt-sept leçons dont il se compose sont accompagnées de cinquante-deux lectures tirées d'Hésiode, Xénophon, Théophraste, Cicéron, Lucrèce, Marc-Aurèle, Charron, La Bruyère, Pascal, Madame de Maintenon, La Fontaine, Florian, Voltaire, Rousseau, Condorcet, Bastiat, Michelet, Lamennais, de Amicis, Pestalozzi, Leconte de Lisle, Victor Hugo, Guy de Maupassant, Boissier, Duclaux, Tolstoï, Pécaut, Ferdinand Buisson, Langlois, Jean Aicard, Anatole France, Texte de la loi réprimant l'ivresse publique, Déclarations de six cents médecins sur l'alcool, — et d'une lecture, *une seule*, extraite de l'Évangile. On peut donc dire que, dans la formation morale de l'enfant, l'Évangile est comme s'il n'existait pas. Cette lecture d'origine chrétienne est composée d'après la parabole de l'enfant prodigue et présentée comme fournissant l'exemple d' « un bon père (1) ».

1. P. 59.

Il est bien entendu que toutes ces lectures sont laïcisées : on n'y trouvera pas un mot qui soit susceptible de froisser la conscience de ceux qui ne croient pas en Dieu. L'auteur a, du reste, pris soin de nous en avertir : « Nous avons supprimé certains détails qui, étrangers à l'idée principale, n'auraient pas été d'accord avec le caractère laïque et positif de notre manuel. » Aussi ce manuel a-t-il bénéficié d'une abondante réclame de la *Librairie rationaliste* et de la revue *la Raison* que dirige Charbonnel, secrétaire général de cette Association nationale des Libres Penseurs de France dont Aulard et Bayet font partie.

Il convient de descendre dans le détail de cet important *Manuel*.

On y affirme que « la morale enseigne le vrai bonheur (1) et que, « pour être vraiment heureux, il faut vivre pour autrui (2) ». Assertions contestables et que plus d'un enfant sera tenté de contester, que le jeune homme et l'homme auront peut-être de solides raisons personnelles de rejeter. « Les bonnes actions sont les actions *utiles*, c'est-à-dire celles qui nous rendront *vraiment heureux* et rendront heureux les autres hommes ; les mauvaises actions sont les actions *nuisibles*, c'est-à-dire celles qui nous rendront *malheureux* et rendront

1. P. 1.
2. P. 9.

malheureux les autres hommes (1). » C'est confondre le bien, l'utile et le bonheur, le bonheur de l'un et le bonheur des autres. Il est à craindre que ce mauvais alliage ne se détruise au cours de l'expérience que chacun acquiert.

« Comme nous désirons tous être heureux, nous *devons* tous faire les choses que la morale nous dit de faire. C'est pourquoi on appelle ces choses des *devoirs* (2). » L'obligation morale est donc présentée comme ayant sa source dans la satisfaction qu'on trouve à lui obéir : nous sommes obligés par ce qui nous est agréable ; notre devoir tend à se confondre avec notre plaisir.

Sentant le danger social qu'envelopperait cette conviction, Bayet développe aussitôt ce deuxième principe fondamental de sa morale laïque que, « pour être vraiment heureux, il faut vivre pour autrui (3) ». Si en effet nous ne rendions aucun service aux autres, les autres ne nous en rendraient aucun ; si nous ne les aidions à éteindre l'incendie qui dévore leur maison, « ils seraient malheureux », et, « pour se venger », ils « ne nous aideraient pas à éteindre le feu le jour où ce serait notre maison qui prendrait feu, *et nous serions aussi malheureux* (4) ». Il en résulte que notre altruisme doit

1. P. 1.
2. *Id.*, p. 1.
3. P. 9.
4. *Id.*

être taillé à la mesure de notre égoïsme ; notre moralité doit être calculée d'après le profit sensible que nous en pouvons retirer ; nous serons vertueux dans la mesure où la vertu nous sera profitable. Cette morale est placée sous le grand patronage des « grands philosophes français Condorcet et Auguste Comte (1) ».

Les sanctions de l'utile ou du nuisible sont renforcées par la loi. Il ne faut pas désobéir à ses parents parce qu'ils peuvent faire enfermer l'enfant dans une maison de correction. Il ne faut pas s'enivrer, il ne faut pas voler parce que la loi punit de prison le délinquant. On prêche la morale du « Pas vu, pas pris, donc honnête homme ».

La morale ainsi fondée, quelles sont ses prescriptions ? Tout d'abord : être propre et observer les lois de l'hygiène ; tel est le premier commandement, et il n'est pas nécessaire de moins de quatre leçons pour le développer.

Deuxième commandement : « Il faut s'instruire (2) ». « *Aujourd'hui*,... le Gouvernement de la *République* a décidé que tous les enfants français *devaient* aller à l'école... » Au contraire, « *autrefois*, les *empereurs* et les *rois* désiraient que le peuple fût ignorant, afin de pouvoir le *tromper* plus

1. P. 10.
2. P. 43.

facilement (1) ». Et l'on ajoute cette redoutable erreur : La science fait les gens vertueux, « c'est l'ignorance qui fait les criminels (2) ».

Troisième commandement : « le courage et l'énergie ».

Puis, les devoirs envers les parents : « respect et obéissance, assistance, amabilité » ;

Envers ses frères et sœurs : les aimer ;

Envers l'instituteur : respect et obéissance. « Les instituteurs laïques sont à la fois les *représentants des parents* et les *représentants de l'État* : c'est pourquoi ils sont *doublement respectables*. Mais ils sont surtout respectables parce qu'ils sont des citoyens *généreux* et *dévoués*. En effet, ils travaillent beaucoup et *prennent beaucoup de peine* pour instruire les enfants... Dans une République, *il n'y a pas de profession plus belle et plus noble que celle de l'instituteur*. C'est pourquoi *il n'y a pas pour un enfant de faute plus grave* que de se conduire mal avec son instituteur (3). » Ce devoir-là passe donc, pour l'enfant, avant tous les autres.

1. P. 44.
2. P. 49. On cite à ce propos Victor-Hugo :
« Chaque enfant qu'on enseigne est un homme qu'on [gagne.
« Quatre-vingt-dix voleurs, sur cent qui sont au bagne,
« Ne sont jamais allés à l'école une fois
« Et ne savent pas lire et signent d'une croix.
« C'est dans cette ombre-là qu'ils ont trouvé le crime.
(Les Quatre Vents de l'Esprit.)
3. P. 77, 78.

L'enfant doit aussi être bon pour ses camarades, aimer et aider tous les hommes, être « toujours prêt à s'associer aux autres hommes pour les aider et être aidé par eux », vertu « qui s'appelle la *solidarité*... Pendant longtemps les hommes n'ont pas compris cela : ils ont cru que les *catholiques* avaient le droit de détester les *juifs* ou les *protestants* (1). »

Viennent ensuite quelques menues prescriptions : respecter la vie d'autrui, ne pas faire souffrir les animaux, ne pas mentir. Ce dernier devoir est commenté dans une lecture : « Dialogue entre un Père Jésuite et un honnête homme ». Le Jésuite expose à l'honnête homme sa doctrine des restrictions mentales. Une gravure représente le premier avec un visage sournois et dans une attitude obséquieuse ; son interlocuteur, le buste droit, la tête haute, s'en détourne avec mépris. Le dialogue, propre à inspirer à l'instituteur des développements faciles à imaginer, est tiré de Pascal ; et Pascal est donné, non comme l'auteur des *Pensées*, mais comme un « grand mathématicien, physicien, philosophe et littérateur, auteur des *Lettres à un provincial*, dans lesquelles il attaque les doctrines immorales des Jésuites » ; les Jésuites sont une « célèbre congrégation religieuse (2) ».

1. P. 85, 86.
2. P. 176.

Sont enfin rapidement énumérés l'obligation de ne pas voler et les devoirs de travail, de politesse, de secours aux malheureux, d'indulgence pour autrui, de dévouement pour les autres : « Lorsque Napoléon III voulut devenir injustement le maître de la France et voler aux Français la liberté, il y eut des hommes qui se firent tuer en luttant contre lui, comme le député *Baudin ;* il y en eut d'autres qui aimèrent mieux *aller en exil* que de lui obéir, comme le poète *Victor Hugo*. Ceux qui agirent ainsi se *dévouèrent* pour la liberté... *On se dévoue* encore lorsqu'on est un *savant* et qu'on passe sa vie entière à *étudier* et à s'instruire pour rendre les autres plus heureux ; quand on passe tous les jours de son existence dans des *laboratoires* pour trouver des remèdes aux plus terribles maladies (1). » La vie d'une Sœur de Saint-Vincent de Paul n'est pas citée comme un exemple de dévouement : elle n'ambitionne ni gloire, ni honneur, ni argent. M. Bayet ne connaît que les dévouements profitables.

Il ne formule aucune prescription relative à l'instinct sexuel. Il juge à propos de réprimer l'instinct du mensonge, de la brutalité, du vol, du meurtre, mais non les sollicitations des sens.

Les quatre dernières leçons traitent les sujets

1. P. 145.

suivants : « les Sciences et l'Inconnaissable », « les Religions et la liberté de conscience », « la Tolérance », « Il faut aimer et honorer les grands hommes ». Ainsi, après avoir exposé une morale électorale et scientiste, l'auteur termine par une théologie positiviste : culte de la science et des grands hommes; théologie agressive à l'égard des autres théologies présentées comme génératrices des crimes contre la pensée.

« Le plus heureux des hommes primitifs était beaucoup plus misérable que le plus malheureux des hommes d'à présent (1). »

Nous sommes « *incomparablement plus heureux* que les hommes d'autrefois parce qu'il y a eu *des grands hommes* qui ont découvert les moyens de bâtir, de tisser, de forger, de construire les machines (2) ». Dès lors, si « chacun de nous a le droit d'avoir une religion ou de ne pas en avoir, d'honorer Dieu ou de croire que Dieu n'existe pas, *tous*, nous devons honorer et aimer *les grands hommes*, c'est-à-dire ceux qui ont rendu l'humanité plus heureuse (3) ». Les spéculations sur Dieu, sur la religion sont dépourvues d'importance. Puisqu'une seule chose est certaine, le bonheur sur la terre, et que nous sommes heureux grâce aux grands

1. P. 169.
2. P. 170.
3. P. 169.

hommes, quel que soit notre culte, nous leur devons un culte. Les grands hommes sont au-dessus de Dieu, au-dessus des religions : ils sont Dieu, ils doivent être l'objet de notre religion.

Ce culte, préconisé par Auguste Comte, est enseigné aux enfants de l'école officielle. On leur explique plus longuement pourquoi les choses de Dieu sont vaines : c'est que la science humaine seule, la science de la nature, nous fait connaître le réel et nous enseigne la vérité : « Toutes les choses que les hommes peuvent connaître exactement, en étudiant les sciences, s'appellent les *vérités scientifiques*, ou encore les *choses connaissables*. Mais il y a des choses qu'il est *impossible de connaître exactement et scientifiquement parce que personne ne les a jamais vues et que personne ne les verra jamais* : ce sont, par exemple, les choses qui arrivent aux hommes *après qu'ils sont morts*. *Nous ne savons pas scientifiquement* si, après la mort, il y a une autre vie dans laquelle les bons sont récompensés et les méchants punis, ou si, au contraire, après la mort il n'y a pas d'autre vie. *Nous ne savons pas scientifiquement* s'il existe un Dieu ou si, au contraire, il n'y a pas de Dieu. Tout cela nous ne le savons pas, et nous ne le saurons *jamais* scientifiquement. Toutes ces choses s'appellent l'*Inconnaissable*. Ce sont surtout les *religions* qui s'occupent des choses inconnaissables (1) ». Nous ne pouvons connaître que ce que la science étudie et nous fait connaître; la science, et la science seule, atteint le réel. Hors de la science, il n'y a place que pour ce qu'on ne peut pas connaître : cela n'est ni vrai, ni réel, et c'est ce qu'enseigne la religion.

« Il existe *beaucoup* de religions, car il y a beaucoup de manières de se représenter Dieu (2). » On énumère alors « les principales religions, le brahmanisme, le bouddhisme, le judaïsme, le christianisme et l'islamisme (3) », avec le nombre approximatif de leurs adhérents, et l'on fait remarquer avec soin que « la religion *qui a le plus grand nombre de fidèles* est le bouddhisme ».

Comme « toutes ces religions nous parlent de *choses inconnaissables*,... nous avons le droit de *choisir* entre toutes ces religions celle qui nous plaît le plus, et, si aucune d'elles ne nous plaît, nous avons le droit de *n'avoir aucune religion* (4) ». « *Quelle que soit l'opinion qu'on a* sur les choses inconnaissables des religions, on peut être un *honnête homme* (5) ». Pour accentuer cet enseignement d'indifférentisme à l'égard de toute religion autre que la religion positiviste et laïque de la

1. P. 150.
2. P. 155.
3. P. 156.
4. P. 156.
5. P. 162.

Science et de l'État, on ajoute, en prenant à partie le catholicisme : « Autrefois, par exemple, les *catholiques*, croyant que leur religion était *seule* vraie et bonne, voulurent forcer tout le monde à être catholique. Ils avaient tort. Les catholiques ont le droit de croire que le catholicisme est seul vrai ; mais les protestants ont aussi le droit de croire que la religion protestante est seule vraie, et les catholiques ne peuvent pas leur *démontrer scientifiquement* qu'ils ont tort, puisque les choses de la religion sont *inconnaissables* (1). »

Le caractère agressif du manuel à l'égard du catholicisme s'accentue dans la leçon suivante consacrée à « la tolérance » : « En Espagne, jadis, *les catholiques ont égorgé et torturé plus de quatre-vingt mille hommes*, uniquement parce que ces hommes n'étaient pas catholiques. En France, les catholiques ont déchaîné la *guerre civile* pendant environ un siècle pour exterminer les protestants, Ils les ont tués sans défense dans les célèbres et honteux massacres de *Vassy* et de la *Saint-Barthélemy*. Ces actes d'intolérance sont barbares et monstrueux (2). » Et les catholiques seuls en sont coupables : il n'y a jamais eu d'athées septembriseurs ni de huguenots assassins. Les catholiques sont

1. P. 157.
2. P. 161, 162.

[illegible] seules comme des hommes aussi dangereux [illegible] pouvant être des égorgeurs de profession.

Et ce n'est pas assez qu'ils aient jadis déchaîné la guerre civile (1). « Aujourd'hui, en France même, il y a des gens qui voudraient voir recommencer les horreurs d'autrefois, et qui sont les catholiques bien sûr, puisqu'ils se proposent d'égorger les Juifs ou les protestants parce qu'ils sont juifs ou protestants ». Ces gens-là sont des [illegible] [illegible] d'être plus désignés que par [illegible] des gens qui », les catholiques n'en sont pas moins dénoncés très clairement, et l'on imagine ce que le commentaire de l'instituteur [illegible] le manuel ne se contente pas de [illegible] pour le passé et le présent, ces odieuses [illegible], il en raisonne ; il raconte des faits au[illegible] [illegible] des hommes à la foi qu'ils professent. « Toutes les religions sont également respectables, mais une religion qui conseillerait le meurtre et la vengeance serait *méprisable et criminelle* (2). » La religion catholique est [illegible] indiquée comme conseillant le meurtre et le massacre, comme méprisable et criminelle : elle se trouve donc exclue du respect dû aux religions, et l'on [illegible] dégagé de tout devoir de tolérance à son égard.

(1) [illegible]
(2) [illegible]

toutes les mesures exceptionnelles de répression prises à son endroit sont justifiées.

Pour aider au commentaire oral du maître et l'incliner dans un sens très défini, le questionnaire de cette leçon comporte, parmi sept questions, les trois suivantes : « Quels crimes ont commis les catholiques en Espagne ? — Qu'est-ce que le massacre de la Saint-Barthélemy? — Que faudrait-il penser d'une religion qui recommanderait le meurtre (1)? »

Enfin, pour exciter la sensibilité de l'enfant, trois lectures (2), tirées de Michelet, Voltaire, Langlois, se succèdent sous les titres de *l'Intolérance sous Louis XIV*, *l'Intolérance sous Louis XV*, *les Conséquences de l'intolérance*. Langlois nous apprend que l'Inquisition a ruiné l'Espagne : « Encore aujourd'hui, des hommes croient que, si leur patrie était délivrée des juifs, des protestants, des francs-maçons, des libres penseurs, tout irait mieux. Or il se trouve que le peuple espagnol, avant l'Inquisition, était le premier peuple du monde, et qu'il fut, après l'Inquisition, le dernier. » Ce qui est historiquement faux, l'apogée de la puissance espagnole coïncidant avec la durée de l'Inquisition. Il serait tout aussi faux

1. P. 163.
2. P. 163-167.

d'ailleurs d'attribuer cette prospérité à cette institution. La vérité est qu'elle n'est cause ni de la grandeur, ni de la décadence de l'Espagne. — Le passage extrait de Voltaire, et présenté sous le titre *l'Intolérance sous Louis XV*, concerne l'erreur judiciaire dont aurait été victime le protestant Calas. — Le passage tiré de Michelet est particulièrement riche en détails affreux et légendaires sur les supplices dont auraient souffert les protestants galériens. Le bourreau était « un Turc des plus robustes », habile à faire « mourir sous le bâton quiconque était surpris distribuant » de l' « argent » aux forçats. On raffinait même sur le supplice en y ajoutant l'agrément de quelques menues atrocités ; et les aumôniers, « lazaristes fort durs », sont représentés comme se plaisant à traiter « presque de même » les prisonniers qui se refusaient à « plier les genoux à la messe ». Le « presque de même » est une trouvaille littéraire qui surpasse encore les inventions de roman-feuilleton dont on ne répugne pas à faire usage pour échauffer de jeunes imaginations. Et le récit s'achève par cette apostrophe : « Souviens-toi, peuple de France. » La provocation à la haine contre les catholiques et l'Église est directe et pressante. Et, pour que l'enfant se souvienne mieux, une image représente un moine et un homme de guerre excitant les soldats à frapper à coups de crosse les huguenots avec toute l'énergie que récemment déployèrent, à Paris et en province, les policiers et les hommes d'armes qui envahirent les églises pour procéder aux inventaires.

On s'explique maintenant que les enfants de la laïque aillent au sortir des classes jeter des pierres aux enfants de l'école chrétienne, et que, jeunes gens, ils assassinent un Hippolyte Debroise. Les adolescents qui, aux abords de Paris, assaillent à coups de revolver des jeunes gens de leur âge conduits par un prêtre, se montrent les dignes élèves de l'école d'État : l'un d'eux tue Debroise, mais c'est le *Manuel de Morale* de Bayet qui est le véritable assassin.

Ce *Manuel* s'achève par une *Instruction civique* dont Aulard est l'auteur.

D'après Aulard, la France comme nation date de 1789 : « Avant 1789, la France était composée, pour ainsi dire, de divers peuples (1) ». « C'est la Révolution française qui fit de la France une nation. Elle fondit en un seul peuple les peuples divers qui formaient le royaume de France (2). »

La guerre n'a pas d'autre cause que l'ambition « des *rois* qui les poussent à la guerre par *gloriole* (3) ».

1. P. 5.
2. P. 7.
3. P. 12.

Si la France doit payer, chaque année, près de 4 milliards d'impôts, c'est « parce que les rois et les empereurs, en faisant la guerre pour leur plaisir, ont dépensé tant d'argent qu'il a fallu emprunter des quantités de milliards » dont « il nous faut aujourd'hui payer les intérêts ». Aussi devons-nous prendre « bien garde à ne pas voter pour des députés qui chercheraient à nous mettre sous le joug d'un roi ou d'un empereur (1) ». On ne dit pas qu'avec la République pacifique la dette s'est accrue plus qu'avec la monarchie guerrière, — ni pourquoi.

M. Aulard écrit encore que nous ne serions plus assujettis à la « très lourde obligation » du service militaire « s'il n'y avait plus en Europe de rois et d'empereurs qui s'amusent à exciter des querelles entre les peuples, à leur faire croire qu'ils se haïssent les uns les autres (2) ».

La République, au contraire, a consacré tous ses efforts à « l'enseignement primaire ». Elle l'a voulu « laïque ». Cela signifie que, n'admettant dans l'école l'enseignement d'aucune religion, on y respecte la liberté de conscience. On ne doit enseigner à l'école que des vérités démontrées par la raison (3) ». Après Bayet, Aulard nous le fait bien voir.

1. P. 42.
2. P. 53.
3. P. 48.

En résumé, si, dans son *Instruction morale*, l'un des auteurs du *Manuel* s'efforce de faire de ses élèves des antichrétiens, dans son *Instruction civique*, l'autre s'efforce de préparer de bons électeurs. En rejetant l'Église qui libère la pensée, la conscience et, par suite, toute l'activité de l'individu, des servitudes que l'État tend à imposer par la force, Bayet livre le citoyen, âme et corps, au bras séculier. Aulard, en expliquant l'organisation politique et administrative de la France, achève et précise l'œuvre de son collaborateur : la France date de 1789 ; c'est parce que les rois s'amusent à faire la guerre que les peuples sont astreints au service militaire et paient l'impôt. L'écolier reste imprégné de cette erreur que la guerre est jeu de princes et non le résultat de redoutables conflits d'intérêts. Le citoyen, désarmé pour la lutte étrangère, est prêt à faire la guerre civile, et, fanatisé contre le catholicisme, il la fait pour cause de religion.

IV

QUELQUES MANUELS D'HISTOIRE

Les auteurs des principaux manuels de l'enseignement primaire sont des professeurs de Faculté. L'esprit antichrétien qui inspire ces ouvrages est donc l'esprit même de l'Université, l'esprit de tout l'enseignement d'État, et non pas seulement de l'école primaire.

L'histoire n'est, à l'école, qu'un instrument de combat (1).

Dans l'*Histoire de France*, de Rogie et Despiques, les premiers chrétiens sont représentés comme « fanatiques et imprudents (2) ». La Convention imagina la Constitution civile du clergé pour le

1. « Il y a des écoles où le nom de Jeanne d'Arc n'a jamais été prononcé. Mais les guerres de religion du XVIe siècle, qui ne furent, au fond, que des entreprises politiques, sont commentées et donnent prétexte à une critique de l'esprit religieux qui est toujours représenté comme l'effet du fanatisme. Le protestantisme est glorifié au détriment de la religion catholique, et alors qu'il est établi par les faits et les documents les plus irréfutables que les Réformés apportèrent, dans la défense de leur cause, au moins autant de colères et de cruauté que les catholiques (cette férocité tenait au temps), ce sont les catholiques que l'on signale, avec indignation comme des bourreaux. » (*Le Petit Marseillais*, article cité par le *Bulletin de la Semaine*, 29 juillet 1908.)

2. Cité par Gurnaud, *l'École et la famille*, p. 36.

« soustraire à l'action du pape, chef étranger qui résidait à Rome. Le pape refuse d'approuver cette organisation qui ne changeait rien au dogme (1) ».

Dans l'*Histoire de France*, de Bouniol, professeur au lycée Janson-de-Sailly, et Behr, inspecteur de l'enseignement primaire, on lit que, à la mort de Léon XIII, les cardinaux « voulurent choisir un pape plus fanatique. En outre, ils détestaient la France et ils élurent un ami de l'Allemagne, Sarto, qui prit le nom de Pie X. Celui-ci entra promptement en lutte contre la République. Il obligea deux évêques à démissionner, parce qu'ils étaient républicains. On vota la loi de 1905 qui sépara l'Église de l'État. Cette loi, très libérale et très prudente, fut cependant maudite par le pape qui voulut y voir une odieuse persécution (2). »

Dans le seul diocèse de Belley (3), 124 écoles font usage de l'*Histoire de France* de Calvet (4).

Il y est dit de Charlemagne qu'ayant « surtout l'idée de répandre la religion du Christ, il fut ainsi

1. Rogie et Despiques, p. 150.
2. 71e lecture, p. 292.
3. *Bulletin mensuel du bureau diocésain de Belley*, cité par *le Siècle*, 9 avril 1909.
4. *Histoire de France*, par Calvet, agrégé d'histoire, censeur au lycée Michelet. Il s'en est vendu deux millions d'exemplaires dans les écoles primaires, nous dit *la Revue de l'Enseignement primaire*, 30 août, 6 septembre, 13 septembre 1908. Ce manuel a été analysé par Gurnaud.

amené à une lutte d'extermination contre les Saxons pour les forcer à abandonner leurs croyances. Rien de plus injuste qu'une telle guerre (1). »

Au Moyen Age, « époque de misère et d'ignorance », succède la Renaissance : « Alors se produit un magnifique développement des lettres et des arts. En même temps, la foi des anciens temps disparaît, l'esprit du libre examen reprend ses droits, et une révolution religieuse, la Réforme, arrache la moitié de l'Europe au catholicisme (2) » ; on discute « une Église qui se disait infaillible (3) » et n'était qu' « un corps corrompu dont les scandales étaient manifestes (4) ». Aussi Luther, qui « voulait simplement le retour à la pureté et à la simplicité des premiers temps du christianisme », fut-il « peu à peu conduit à rompre avec Rome, à rejeter le pouvoir du pape, le culte des saints et la plupart des pratiques religieuses » qui ne sont que « superstitions grossières (5) ».

Une gravure représente le supplice d'Etienne Dolet. On y lit : « Après la mort, tu ne seras plus rien du tout. — Et. Dolet. » Cette pensée de Dolet a été supprimée dans l'édition de 1909. L'âne, pour l'instant, cache ses oreilles.

1. Calvet, p. 13.
2. P. 72.
3. P. 82.
4. P. 83.
5. P. 84.

V

L'HISTOIRE D'AULARD ET DEBIDOUR

L'*Histoire de France* d'Aulard et Debidour (1) est particulièrement haineuse. Les passages anti-catholiques que nous citons sont tout ce que le manuel enseigne du catholicisme ; l'Église n'y est jamais présentée sous un jour différent.

Du christianisme s'introduisant en Gaule il est dit seulement : « Le Gouvernement romain résista d'abord aux chrétiens qui bravaient ses lois ; mais, quand les empereurs eurent adopté la nouvelle religion, l'Église s'attacha à détruire, non seulement par la persuasion, mais par la force, ce qui restait des anciennes religions. Le clergé catholique persécuta aussi les *sectes*, même chrétiennes, qui s'écartaient de ses croyance (2) ». D'abord provocateurs, ensuite persécuteurs, toujours agresseurs : tels sont les chrétiens.

On montre l'Église ayant « acquis une puissance

1. *Histoire de France*, par Aulard, professeur d'histoire en Sorbonne, et Debidour, inspecteur général de l'Instruction publique, doyen honoraire de la Faculté des lettres de Nancy. Cours inscrit sur les listes de la Ville de Paris et des départements. Cours moyen, certificat d'études. 26e édition, chez Cornély, Paris.

2. P. 12.

redoutable sous les Mérovingiens » (1) qu'elle « menaçait de l'enfer ». Mais la religion des Mérovingiens « n'était qu'un grossier calcul (2) ».

On oppose systématiquement aux rois présentés en étroite union avec l'Église « la masse du peuple », « ignorante » et « misérable (3) ». Il n'apparaît donc aucune trace de l'effort séculaire de l'Église pour défendre le peuple contre les puissants du siècle, pour améliorer sa condition matérielle et pour l'instruire. Au cours de toute cette histoire, non seulement le nom d'Église catholique devient synonyme de persécutrice sanglante, mais encore l'Église est dénoncée comme la complice des rois dans leur effort pour maintenir le peuple dans l'abjection.

La seule tentative bienfaisante dont on reconnaît que l'Église eût l'initiative est présentée comme un échec : « Au XIe siècle, l'Église voulut, sans succès, entraver les guerres féodales par la *trêve de Dieu* (4). »

A l'inverse, elle ne manqua pas, dès cette époque, de provoquer des guerres de religion : « Les *Croisades* furent des *guerres de religion* entreprises sur l'ordre des *papes* ». Elles « échouèrent et ren-

1. P. 18.
2. P. 20.
3. P. 24.
4. P. 28.

dirent plus violente cette haine des *musulmans* contre les *chrétiens*, encore aujourd'hui si regrettable. Elles firent périr des millions d'hommes et amenèrent la destruction de beaucoup de villes (1). »

Mais cela ne suffisait pas à satisfaire la passion sanguinaire des papes : « Ils ordonnèrent aussi des croisades contre les *chrétiens*. Les *Albigeois* furent exterminés par la volonté du pape *Innocent III*. L'Église fit dès lors régner la terreur dans les pays catholiques, et l'*Inquisition* étouffa la liberté religieuse (2). »

Ce chapitre s'achève par une « lecture » sur l'*Intolérance religieuse, l'Inquisition :* « Au XIIIe siècle, les papes entreprirent en grand, dans notre pays, l'extermination de quiconque ne se soumettait pas à leur foi (3). » Suivent des développements sur la guerre des Albigeois : « Des populations entières furent égorgées par des armées que conduisaient les légats du pape et au nom d'une religion de paix et d'amour » ; — puis des détails sur les tortures de l'Inquisition qui « répandait partout la terreur et empêchait les hommes de penser. La plus illustre victime qu'elle

1. P. 28.
2. P. 29.
3. P. 32.

ait faite dans notre pays est Jeanne d'Arc (1) ». Une gravure fait revivre le supplice de malheureux hérétiques emmurés vivants.

Ainsi, non seulement on ne montre pas dans ces actes l'œuvre de l'esprit laïque se substituant à l'esprit chrétien chez les chrétiens eux-mêmes, les mœurs des Barbares et des Romains païens faisant un violent retour offensif dans la société récemment christianisée, mais on s'attache à les décrire comme une pratique que le catholicisme commande. Bien loin d'enseigner que les catholiques furent victimes de semblables violences de la part des hérétiques ou des païens, on enseigne que seuls ils en furent les auteurs. Plus tard on taira l'histoire sanglante de l'établissement de la Réforme dans les pays du Nord, les massacres des chrétiens demeurés fidèles, l'oppression légale qui devait peser pendant quatre cents ans sur la poignée de catholiques échappés aux tortures ; on fera silence sur la débauche de crimes que fut l'histoire de la Convention, sur les actes par lesquels elle commenta les articles de la Déclaration des Droits ; on ne dira pas tout le sang qu'elle répandit en haine du Christ. L'histoire de notre pays apparaît dans ce livre comme une longue tuerie que le catholicisme exige.

De Jeanne d'Arc, « jeune paysanne ignorante,

1. P. 33.

rêveuse, inspirée par son patriotisme (1) », on nous raconte que, parce qu'elle « croyait fermement avoir vu et entendu des saints et des saintes, et qu'elle refusait de se soumettre au jugement du pape sur la réalité de ses visions (2) », les juges de l'Inquisition la regardèrent comme coupable d'hérésie et de sorcellerie, prétendus crimes que l'Église punissait de mort (3) ».

« Luther avait essayé de *réformer* » l'Église qui était « très corrompue » ; il y « réussit dans son pays » par la suppression des couvents, le mariage des prêtres, le refus d'obéissance au pape, la simplification du dogme et du culte, l'usage de la prière en langue vulgaire (4). Les protestants « furent persécutés en France cruellement par le clergé catholique et par le roi qui voulait complaire au clergé. Ces malheureux étaient d'ordinaire brûlés vifs. Quelquefois on leur coupait les poings ou la langue, on leur tenaillait la poitrine ou on leur mettait sur la tête une couronne de fer rougie au feu (5). » C'est ainsi que « François Ier laissa exécuter quatre-vingt-un réformés (6) », et que

1. P. 37.
2. P. 40.
3. P. 39, 40.
4. P. 59.
5. P. 60.
6. P. 60.

lences (1) ». Ce furent les Guises qui « donnèrent à Wassy le signal de la guerre civile par un massacre de protestants qui fut imité dans un grand nombre de villes (2) ». Une gravure illustre le massacre de Wassy. Des crimes huguenots il est dit seulement que « les deux partis montrèrent souvent autant de barbarie l'un que l'autre (3) », et, aux protestants pendus par Montluc, on oppose symétriquement les prisonniers catholiques que Des Adrets contraignait à se précipiter dans le vide du haut d'une tour. On chercherait vainement aucune autre allusion à la conduite cruelle des prétendus réformés : incendies et pillages de villes, massacres des habitants, la moitié de la France mise par leurs soins à feu et à sang, forfaits de Coligny, raffinements de supplices imaginés par les huguenots partout où ils eurent loisir de s'y livrer (4). Mais on s'étend complaisamment sur les excès du parti contraire, et, alors que la Michelade de Nîmes (5) n'est pas mentionnée, la Saint-Bar-

1. P. 77.
2. P. 78.
3. P. 78.
4. Voir le *Tableau des cruautés commises par les hérétiques au XVIe siècle*, réédité à Lille, Société Saint-Augustin, — et Gaffre, *Inquisition et Inquisitions*, chez Perrin.
5. Saint-Barthélemy de catholiques, exécutée par les protestants nîmois avant que leurs coreligionnaires ne soient à Paris semblablement traités.

thélemy est décrite avec toute la fureur de l'impartialité laïque. Une « lecture (1) » donne sur ce dernier événement les détails les plus propres à surexciter de jeunes imaginations.

Plus tard, la Ligue déchaîna dans Paris « un grand *fanatisme ;* des prêtres sanguinaires y prêchaient chaque jour l'assassinat (2) ».

Henri IV étant monté sur le trône, « les discours ou les livres » des « *Jésuites*, ordre religieux puissant tout dévoué au pape », portèrent « deux misérables, *Pierre Barrière* et *Jean Châtel*, à tenter de l'assassiner (3) ». Il fut poignardé par « François Ravaillac qui, égaré par de prétendues visions et des prédications fanatiques, en était venu à croire, comme Jacques Clément, qu'il ferait œuvre agréable à Dieu en tuant le roi qu'il regardait comme l'ennemi du pape (4) ».

Après cela, « beaucoup de *congrégations* d'hommes ou de femmes travaillèrent à faire abolir la liberté de conscience qui devait être supprimée par Louis XIV (5) ». « Poussé par les Jésuites, Louis XIV révoqua l'édit de Nantes, démolit les temples (des protestants) et ordonna que

1. P. 80-81.
2. P. 80.
3. P. 82.
4. P. 87.
5 P. 90-91.

leurs enfants leur fussent enlevés pour être élevés par des catholiques (1). Il y eut une persécution atroce (2). » La « lecture » en décrit les diverses manifestations : « On lia, dit-on, de jeunes mères aux colonnes de leur lit pendant que leurs enfants à la mamelle se tordaient de faim sous leurs yeux (3). » Une gravure suggestive montre « les dragons, envoyés pour forcer les protestants à se convertir, commettant à l'égard des femmes et des enfants les pires atrocités (4) ».

En « résumé », sous le règne de Louis XIV, « une épouvantable *persécution* est dirigée contre les consciences au profit de l'Église catholique (5) ».

Sous Louis XV, « les *persécutions religieuses* recommencèrent au profit de l'Église catholique... Les protestants furent forcés de faire élever leurs enfants dans la religion catholique... Les philosophes aussi furent persécutés par Louis XV qui édicta la peine de mort contre les écrivains qui oseraient exprimer des doctrines contraires à la

1. La loi sur l'enseignement obligatoire, votée sous la pression de la Congrégation maçonnique, entraînant un fréquent monopole de fait qu'ont accru les lois de 1901 contre la liberté d'association et de 1904 contre l'enseignement congréganiste, enlève semblablement aux catholiques leurs enfants pour les faire élever par des athées.

2. P. 109.

3. P. 110.

4. P. 111.

5. P. 111.

monarchie et à l'Église (1) ». A cette mesure sans doute il faut attribuer le peu d'attaques dont l'Église et la monarchie furent alors l'objet. Il est fâcheux que l'on ait omis de citer quelques-uns des philosophes qui subirent la peine de mort. Les seules victimes de ces persécutions semblent être « les Jésuites » qui « furent expulsés de France, et que, nous assure M. Aulard, « les bons Français virent partir avec joie (2) ».

« Le roi et le clergé » prenaient soin que le peuple demeurât dans l'ignorance : « ils craignaient qu'une fois instruit, il fût moins obéissant et moins crédule. Les instituteurs étaient sous la dépendance du clergé. On les choisissait ignorants, et ils n'enseignaient guère qu'à épeler le catéchisme. La grande majorité du peuple français était maintenue dans l'ignorance (3). »

La condamnation injuste de Calas fut due au fanatisme catholique; sa réhabilitation, à Voltaire, « homme de génie (4) » qu' « aujourd'hui encore tous les adversaires de la République, tous les fanatiques rétrogrades ou pédants haïssent », et qui « est aimé au contraire de tous ceux qui aiment notre France libre et démocratique, issue de la

1. P. 118.
2. P. 119.
3. P. 120.
4. P. 127.

fractaires, fomentaient des séditions », que « l'Assemblée fit des lois sévères contre » eux (1). Mais « aristocrates et prêtres réfractaires correspondaient avec l'ennemi du dehors... Aussi sage qu'audacieux, Danton essaya de calmer la colère du peuple contre ces ennemis de l'intérieur (2) ». Cependant il ne put empêcher « une troupe de furieux » de se porter « sur les prisons » et d'y faire « périr une partie des prisonniers. Les bons citoyens, dans ces tristes journées, se gardèrent bien de souiller leurs mains du sang d'ennemis désarmés (3) ». Ce léger blâme est le seul que l'auteur exprime ; et ces excès se seraient produits malgré les efforts du « sage » Danton.

Bientôt les Vendéens s'insurgèrent, « excités par les nobles et les prêtres réfractaires », et « nous comptions encore, parmi nos ennemis déclarés, outre » différentes puissances, « *le Pape* qui, en janvier 1793, avait laissé assassiner à Rome par sa police notre agent *Basseville* (4) ».

Ces difficultés expliquent et légitiment les mesures énergiques de salut public auxquelles on eut alors recours. S'il n'est rien relaté des assassinats collectifs commis officiellement et systéma-

1. P. 158.
2. P. 161.
3. P. 162.
4. P. 168.

tiquement par les Jacobins de Paris et de province, il y est fait quelques allusions absolvantes : « Contre tant d'ennemis du dehors et du dedans la Convention déploya une énergie terrible, établit un *Tribunal Révolutionnaire* pour juger sans appel les *conspirateurs* et un *Comité de Salut public* (1) ». Comme « les querelles des Girondins et des Montagnards étaient dangereuses en présence de l'ennemi, le peuple de Paris y mit fin » en forçant « la Convention à expulser de son sein et à décréter d'arrestation les chefs des Girondins (2) ». Lorsque « *Marat*, un journaliste patriote, parfois délirant, et qui donnait trop souvent au peuple des conseils sanguinaires », fut assassiné par « une jeune fille exaltée, *Charlotte Corday*, on vit en lui la patrie traîtreusement poignardée. La nation, se disait-on, n'allait-elle pas être assassinée comme Marat (3) » ?

Alors « les patriotes crurent que, pour comprimer les ennemis intérieurs et extérieurs de la nation, il fallait les *terroriser*, et c'est pourquoi cette période de notre histoire s'appelle la Terreur... Le sang coula à flots ; il y eut des injustices, des crimes odieux et inutiles à la défense nationale ; mais, harcelés par mille dangers, les patriotes affolés frappaient avec rage... Cette énergie, parfois

1. P. 168.
2. P. 169.
3. P. 171.

inhumaine, souvent *sublime*, força la victoire (1) ». Une ombre seulement à ce tableau « sublime » : Robespierre organisa « le culte de l'Être suprême » et « opprima les consciences. Dès lors la Terreur redoubla, et une foule de Français furent guillotinés, aussi bien des républicains que des royalistes (2). » La Terreur est donc excusée, justifiée même ; si elle « redouble » et devient excessive, le cléricalisme de Robespierre, adorateur de l'Être suprême, en est seul responsable. Encore s'empresse-t-on, pour atténuer le peu que l'on avoue de la Terreur rouge, d'ajouter que le « meurtre » de Robespierre « fut le signal d'une réaction appelée *réaction thermidorienne*. Une nouvelle Terreur s'établit, la *Terreur Royaliste* ou *Terreur blanche*... A *Lyon* et en *Provence*, les *patriotes* furent égorgés de la façon la plus barbare (3). »

La Convention « avait bien mérité de la France et de l'humanité (4) ».

Il en va tout différemment de la Restauration. Les auteurs se prodiguent en copieux détails sur les abominations cléricales. Dès les Cent Jours, « le clergé voulut être le maître (5) ». Il « voulut

1. P. 172.
2. P. 173.
3. P. 174.
4. P. 175.
5. P. 200.

rendre la religion catholique aussi prépondérante qu'avant la Révolution. On rétablit les processions dans les rues, on força les habitants à pavoiser leur maison sur le passage, on frappa ceux des passants qui ne se découvraient pas devant le Saint-Sacrement. Il y eut des communes où les indigents ne purent obtenir de secours que s'ils produisaient un billet de confession. Une caricature représenta Louis XVIII, obèse et impotent, assis dans un fauteuil à roulettes que poussait un prêtre, et une inscription placée au bas de la caricature faisait dire à ce prêtre : Va comme je te pousse (1). » La page suivante est illustrée d'une gravure qu'explique cette légende : « Un salon de la Restauration. Sous la Restauration, le clergé essaye de diriger la politique (2). »

Tout un paragraphe analyse « la nouvelle *Terreur blanche*, persécution violente (3) » qu'une « lecture » de deux pages (4) décrit longuement. La Terreur rouge n'avait mérité que quelques lignes d'excuses.

En même temps, « la *Congrégation*, société dirigée par les Jésuites », visait à « rétablir des privilèges et la toute-puissance du clergé (5). Charles X,

1. P. 204.
2. P. 205.
3. P. 206.
4. P. 209-210.
5. P. 208.

des religieuses, sans qu'ils eussent les grades exigés des maîtres laïques (1) ». Le ministre Duruy « eût voulu que l'*instruction primaire* devînt *gratuite* et *obligatoire*. Mais cette réforme épouvantait le parti clérical qui fut assez fort pour l'empêcher (2). »

L'Assemblée nationale qui était, en majorité, « très *cléricale*, favorisa l'Église de toutes ses forces et nous brouilla avec l'*Italie* ». Elle « se vantait de représenter en France l'*ordre moral* » qu' « elle seule troublait (3) ». Le comte de Chambord, prétendant au trône, était d'un « esprit rétréci par une éducation toute réactionnaire et cléricale... Par-dessus tout il était clérical, voulait que le catholicisme redevînt *religion d'État* et songeait à remettre le pape en possession de Rome (4). »

Après la dissolution de la Chambre par Mac-Mahon en 1877, « Gambetta, plus populaire que jamais, fit triompher la cause républicaine. La France ne voulait pas de ce qu'il appelait le *gouvernement des curés* (5) ».

« Pas un gouvernement n'a plus fait pour l'*instruction du peuple* que la IIIe République. Elle

1. P. 231.
2. P. 241.
3. P. 255.
4. P. 257.
5. P. 260.

dépense près de deux cents millions par an pour l'enseignement primaire auquel la Restauration consacrait cinquante mille francs. L'enseignement primaire est devenu laïque parce que la place de la religion est à l'église, non à l'école. Elle a interdit le droit d'enseigner à des *congrégations religieuses* qui, souvent, comme celle des *Jésuites*, n'existent qu'au mépris des lois et qui, ne voulant servir que le pape et sa politique, enseignent généralement à la jeunesse l'intolérance, la haine de la Révolution, ainsi que le mépris des lois nationales (1). » De plus, « pour achever d'affranchir le gouvernement civil de toute ingérence de l'autorité religieuse, le Sénat, après la Chambre des députés, vient de voter (décembre 1906) la *séparation des Églises et de l'État* (2) ». Enfin « la République a prouvé une fois de plus qu'elle est le régime de la justice, en proclamant l'innocence du capitaine Dreyfus, officier de religion juive, que les passions cléricales et réactionnaires avaient fait condamner à tort comme traître (3) ».

D'ailleurs, les trente pages qui traitent de la IIIe République ne sont qu'un long dithyrambe en son honneur. Sous ce régime, la France s'est trouvée plus riche, plus prospère, plus heureuse que

1. P. 261.
2. P. 262.
3. P. 265.

jamais, et les lettres, les arts, les sciences ont brillé d'un éclat qu'ils n'avaient pas encore connu.

En résumé, dans l'*Histoire* d'Aulard et Debidour il n'est jamais parlé du catholicisme que pour provoquer directement l'enfant à le haïr ; cette religion y est représentée sous des couleurs odieuses et mensongères ; elle y apparaît comme une école de crime et l'alliée naturelle de tous les régimes qui ont précédé la IIIe République et n'ont cessé d'opprimer le peuple.

Depuis quelques années, les libres penseurs réclament avec une impatience croissante l'inscription de l'histoire des religions au programme de tous les degrés de l'enseignement (1). Sous cette dénomination inoffensive, une véritable théologie naturaliste s'introduit en ce moment dans les Universités et les Lycées. Aulard et Debidour l'ont glissée depuis plusieurs années déjà dans l'édition de leur *Histoire* destinée à l'enseignement primaire supérieur (2).

1. Voir *la Raison*, 16 juillet 19 5, article de Maurice Vernes, professeur à l'École des Hautes Études, — *La Raison*, 8 avril 1906 : Pétition du groupe d'études et de propagande rationalistes, signée d'Aulard, Havet, Psichari, Docteur Paul Reclus, Maurice Vernes.

2. *Histoire générale* et *Histoire de France*, par Aulard et Debidour. Enseignement primaire, Cours supérieur, cours

Notons d'abord que leurs précédentes polémiques antichrétiennes s'y retrouvent avec quelques développements nouveaux. A côté de formules agressives déjà citées dans notre analyse du Cours moyen, nous en trouvons de nouvelles qu'il est intéressant de retenir.

La secte des Albigeois « réprouvait la corruption et les excès de l'Église et voulait, tout en simplifiant le culte, ramener la morale chrétienne à une parfaite pureté (1) ».

Les « Croisades d'Orient firent beaucoup plus de mal que de bien (2) ».

Il n'est même plus question des voix de Jeanne d'Arc. Jeanne d'Arc n'est plus « inspirée » que « par son patriotisme (3) ». C'était une jeune paysanne ignorante, extatique; elle adorait la France et voulait la sauver (4). »

Dans l'histoire de la Révolution, on insiste sur la « guerre cruelle » de la Vendée. Non pas qu'il y soit fait mention des atrocités commises par les bandes de la Convention. Ce sont, au contraire, les Vendéens qui sont qualifiés de « féroces ». Cédant

adopté pour les écoles de la Ville de Paris et inscrit sur toutes les listes départementales. — 7e édition, Cornély, Paris.

1. P. 91.
2. P. 92.
3. P. 107.
4. P. 108.

à son habitude invétérée du mensonge historique (1), Aulard les accuse, eux seuls, d'avoir « souvent massacré les républicains prisonniers (2) ». Il oublie trop facilement l'ordre de Bonchamps mourant : « Grâce aux prisonniers ! » Il oublie que mille prisonniers furent fusillés par les bleus à Quiberon. Fait sans importance : les Conventionnels massacraient dans les prisons quand ils ne massacraient pas en plein air. Un Jacobin tue aussi facilement qu'il ment : cela dépend des circonstances où il lui est donné d'agir.

Robespierre est accusé de s'être « montré tyrannique dans les matières religieuses ». Alors que « la Convention avait tâché de maintenir la liberté de conscience », il commit le crime de « substituer au *culte de la Raison* le culte de l'*Être suprême* dont il fut le pontife. Il voulut rendre ce culte obligatoire. Il opprima les consciences (3). »

Les auteurs formulent une distinction importante entre la liberté qui est légitime et la liberté qui ne l'est pas : la liberté pour leurs amis est de la première sorte, et la liberté pour leurs ennemis, de la seconde espèce. Ainsi la loi récente, qui in-

1. On sait qu'Aulard ayant prétendu que Taine avait fait usage de documents inexistants, M. Cochin les a retrouvés, aux Archives, sous la cote indiquée. Voir *le Livre de l'histoire révolutionnaire*, par Augustin Cochin.
2. P. 256.
3. P. 262.

grandes forces de la nature » et à ne pouvo
lutter contre elles, — tempêtes de l'air et de
océans, tremblements de terre. Ou, plutôt, o
n'avoue pas que l'on tend précisément à inspir
à l'enfant laïcisé le respect superstitieux de ce
grandes forces naturelles, et, vis-à-vis d'elles, cet
terreur dont nous avait affranchis la Révélation
On présente la religion égyptienne comme l
croyance « à un *Dieu unique*, créateur immortel e
tout-puissant de l'univers », dont « les attributs
désignés « sous différents noms, *Phtah*, *Ammo*
Osiris, etc. », auraient représenté, « aux yeux du
vulgaire, des divinités distinctes (1) ». « Ces divi
nités ayant été représentées sous la forme de
certains animaux utiles ou nuisibles, ces animau
eux-mêmes finirent par être adorés par le peupl
comme des dieux (2). »

Les Égyptiens n'ont jamais cru, ni leurs prêtres
à un Dieu unique, spirituel, distinct et créateu
Il n'y a là qu'une interprétation fausse et tendan
cieuse. On applique à la religion égyptienne l'activit
d'un esprit accoutumé par deux mille ans de chris
tianisme à rechercher sous le polythéisme le Dieu
unique et distinct et à réduire à lui seul les diverses
divinités. Mais les prêtres égyptiens n'ont jamais
fait ce travail. On n'en pourrait trouver trace que

1. P. 10.
2. P. 10, 11.

dans la religion solaire d'Aménophis IV, qui ramena le polythéisme, temporairement d'ailleurs, à l'unité de ce dieu matériel, le soleil, dont les Pharaons se disaient fils.

Si l'interprétation d'Aulard et Debidour est fausse, elle est également tendancieuse et, à cause de cela, voulue. On ajoute en effet que « les Égyptiens croyaient à l'immortalité de l'âme, à des peines et à des récompenses après la vie terrestre (1) ». Or leurs conceptions étaient plus complexes et plus confuses : il y avait, notamment, trois âmes et plusieurs vies ultra-terrestres dont la principale, dépourvue de toute sanction d'ordre moral, se concevait comme l'ombre de la vie terrestre. Mais, en attribuant aux anciens Egyptiens la croyance au Dieu unique, spirituel, distinct, créateur, à l'âme unique, immortelle, à la vie d'outre-tombe soumise aux sanctions, on tend à insinuer que la religion judéo-chrétienne est une simple imitation des croyances d'Égypte, et que par conséquent, dépourvue de toute originalité, elle ne peut même prétendre à se rattacher à une révélation surnaturelle.

L'enseignement de l'histoire de l'antiquité, tel qu'il est compris dans ce manuel, constitue donc bien, par anticipation, un enseignement de l'his-

1. P. 11.

toire des religions. Cela devient encore plus net par la suite.

Les Phéniciens « avaient divinisé les forces de la nature et surtout *Baal*, le soleil ; ... l'amour, dont ils firent la déesse *Astarté ;* la force, qui devint chez eux le dieu *Melkarth* (1) ». Près d'eux vivaient les « Hébreux, petit peuple à demi barbare, que presque tout le reste du monde ignorait, mais qui se faisait une très haute idée de son origine et de sa destinée. Son histoire nous est surtout connue par la Bible qui, à côté d'ouvrages purement religieux, renferme des récits plus ou moins légendaires, comme la *Genèse*, relatifs à l'origine du monde... Les *Hébreux* ou *Israélites*..., venus de la région du golfe Persique, menaient encore la vie pastorale au temps d'Abraham qui... les conduisit, dit la Bible, dans le *pays de Chanaan*. Une famine les ayant obligés à se rendre en Egypte..., ils y furent plus tard persécutés, prirent la fuite sous Moïse, qui leur donna pour loi morale et religieuse le *Décalogue*, et, après avoir erré quarante ans dans le désert, rentrèrent dans la *Palestine* où ils se fixèrent... Ils adoraient un Dieu unique, *Jéhovah*, dont ils disaient être le peuple de prédilection... et se montraient fort intolérants à l'égard des autres religions dont ils massacraient impitoyable-

1. P. 16.

ment les sectateurs quand ils le pouvaient (1). » Ils furent gouvernés par des Juges, puis des rois, se divisèrent ensuite en deux royaumes que les Assyriens et les Babyloniens ruinèrent; Cyrus restaura la nation juive dont il fit sa vassale ; elle fut assujettie aux Grecs, puis aux Séleucides, enfin aux Romains.

« C'est sous le règne d'Hérode que naquit à Bethléem *Jésus*, surnommé *Christ*, qui, vers l'âge de trente ans, se mit à *évangéliser* le peuple, c'est-à-dire à lui porter la *bonne nouvelle*. Cette bonne nouvelle était une morale privée, sociale et religieuse très élevée, dont les préceptes portaient qu'il fallait aimer Dieu de toute son âme, aimer son prochain comme soi-même, pardonner les injures, mépriser les richesses, les honneurs, et promettaient le royaume des cieux aux pauvres, aux humbles et aux petits. Depuis longtemps, des agitateurs populaires, qu'on regardait comme des *prophètes*, annonçaient au peuple juif la venue d'un *messie*, c'est-à-dire d'un roi consacré, qui le sauverait et rétablirait le royaume de Dieu. Les disciples de *Jésus*, qui se disait lui-même fils de Dieu, reconnurent en lui ce messie. Le *Sanhédrin*, c'est-à-dire le grand conseil des prêtres, l'accusant d'ébranler la religion établie et d'aspirer à la royauté, demanda sa mort, à laquelle le gouver-

1. P. 19.

neur romain *Pilate* finit par consentir. Jésus subit le supplice de la croix.

« Après sa mort, ses disciples racontèrent qu'il était ressuscité, le représentèrent comme né d'une vierge, et non seulement comme fils de Dieu, mais comme Dieu lui-même, se répandirent en Orient, puis en Grèce, comme ses apôtres ou envoyés, et commencèrent à organiser et à prêcher une religion nouvelle, le *christianisme*.

« Quant aux Juifs, ils n'adoptèrent pas en majorité cette religion, mais restèrent fidèles à leurs vieilles traditions (1). »

Les auteurs se sont montrés aussi étrangers à la religion judéo-chrétienne qu'à la religion de l'Égypte : ils n'ont pas plus compris l'une que l'autre. Ils les ont placées sur le même plan, les traitant avec un égal dédain de la vérité. Rendons-leur cependant cette justice que le soin très particulier avec lequel ils ont mutilé et altéré le christianisme porte témoignage en faveur de la vive animosité qu'ils nourrissent à son endroit. La religion égyptienne avait été inclinée par voie interprétative vers notre conception religieuse de Dieu, l'âme et la vie future. La religion judéo-chrétienne a été dépouillée, par omission et interprétation, de tout son caractère surnaturel, c'est-à-dire de tout son caractère proprement religieux.

1. P. 21-22.

Elle est naturalisée, autrement dit méconnaissable au regard de qui la connaît, et inconnaissable au regard de qui l'ignore. Cette laïcisation de l'histoire religieuse d'Israël tend à prédéterminer chez l'adolescent une malformation mentale qui, réalisée à l'époque de sa définitive croissance intellectuelle et avant qu'il devienne incapable de continuer à se cultiver, est rendue irréformable. Les fils de chrétiens sont condamnés à subir l'interprétation libre penseuse de leur religion : sous couleur d'histoire, un contre-catéchisme leur est fait.

Ni l'histoire d'Israël n'est rattachée à Dieu qui est la substance de son histoire, ni l'histoire de Jésus n'est rattachée à Dieu qui est l'âme de sa vie, ni l'histoire de l'Église n'est rattachée au Christ qui cependant vit en elle comme dans le corps vit l'âme.

Et il ne suffit pas que les faits subissent cette altération prétéritive : on ose même présenter comme un *racontar* des disciples de Jésus l'essentiel de sa vie qui, en la rendant intelligible, rend intelligible l'histoire religieuse ultérieure.

Aussi bien celle-ci n'est-elle décrite qu'avec l'accent de la plus âpre polémique mise au service de certains sectateurs. On l'a déjà vu en ce qui concerne l'histoire de l'Église depuis son établissement en Gaule. Avant cette époque, il n'est question du christianisme que pour assurer que

« ce qui contribua encore à désorganiser l'Empire romain, ce furent les progrès du christianisme... Cette religion, qui prêchait l'égalité et la fraternité, tendait à ébranler les bases sociales du monde ancien. Ses adeptes... se firent du tort, aux yeux des empereurs, par leur intolérance et leur mépris des lois. Ils déclaraient ouvertement la guerre aux autres cultes...; ils refusaient aux empereurs les honneurs religieux qui leur étaient dus d'après la loi; ils formaient des sociétés secrètes, ce qui, dans la législation romaine, était rigoureusement interdit... La persécution des chrétiens ne fut jamais ni générale, ni durable. Elle eut pour effet la mort d'un certain nombre d'entre eux qui, non seulement ne tremblaient pas devant le martyre, mais le provoquaient souvent par leurs actes... Le *christianisme* vainqueur ne fut pas un élément de force pour l'Empire; bien au contraire, il rendit plus rapide sa désorganisation et sa décadence (1). »

Les manuels en usage à la laïque suent la haine et le mensonge. En histoire, les faits qu'ils rapportent sont altérés; et la physionomie générale

1. P. 58-59.

des faits, souvent changée par de graves omissions, toujours maquillée par des interprétations tendancieuses.

Mais l'enfant n'est pas le maître de ses maîtres. Il n'enseigne pas : il est enseigné. Il croit fatalement ce qu'on lui enseigne. Et, comme jamais il ne pourra, au cours de sa vie, réformer ces erreurs, ces erreurs domineront, pendant toute sa vie, tous ses jugements. Son activité de jeune homme, d'homme, de père de famille, de citoyen, demeurera inspirée par les mensonges de l'école.

Ceux qui distribuent un tel enseignement, auteurs de manuels, instituteurs, et ceux qui l'ont imposé par la force pervertissent l'intelligence des enfants : ils souillent dans leur source même les forces vives de la France.

CHAPITRE V

L'ENSEIGNEMENT PERSONNEL
LA PAROLE ET L'EXEMPLE
LES RÉSULTATS

I

LA PAROLE ET L'EXEMPLE

La leçon du maître est de plus grande impor-ance encore que la leçon du livre. Essentiellement ivante, la pensée parlée agit sur l'enfant avec une orce irrésistible.

Mais l'enseignement personnel du maître se aisse difficilement saisir. Trop souvent il se tra-uit par un haussement d'épaules, un sourire, ne inflexion de voix ironique, une remarque apide, une attaque demi voilée. Le mensonge ou injure sont-ils formulés de manière explicite : enfant se rappelle qu'il a été envoyé à l'école our apprendre ce qui y est enseigné ; il reçoit la leçon qu'il est venu recevoir. Le père et la mère, qui peinent à gagner le pain de la famille, se désintéressent trop souvent des choses scolaires. Ils s'étonnent, ils s'indignent lorsque par hasard ils lisent les manuels odieux ou apprennent les infâmes propos du maître. Rarement ils peuvent en informer le publiciste qui seul est à même de saisir l'opinion. Les enfants sont et restent moralement abandonnés aux instituteurs.

De loin en loin cependant, un journal rapporte le sujet de composition, la parole, le geste par quoi l'instituteur a meurtri des âmes.

Tous les lundis matin, au début de la classe, un instituteur d'une école du XVIIIe arrondissement fait écrire par ses élèves, sur leurs cahiers de devoir, la formule : « Le cléricalisme, voilà l'ennemi (1) ! »

Aux élèves d'une école supérieure de jeunes filles, à Paris, on donne à commenter la pensée suivante : « Un bon moyen de faire fortune est de passer pour un sot et un honnête homme et de n'être ni l'un ni l'autre (2). »

Au certificat d'études primaires, on demande : « Par qui fut brûlée Jeanne d'Arc ? Doit-on brûler les hérétiques ? — Parlez d'Étienne Dolet. — Parlez du massacre de Vassy. — Que pensez-vous

1. *Echo de Paris,* 10 juillet 1908.
2. *Petit Journal,* 22 juillet 1907.

de la révocation de l'édit de Nantes? — Parlez des dragonnades. — D'où vient le mot « clérical » ? — Qu'est-ce que la justice immanente? — Qu'était-ce que Gambetta? Jules Ferry? Paul Bert? — Pourquoi la République est-elle le meilleur des gouvernements (1)? — Nommez toutes les libertés que nous a données la République. — Pourquoi faut-il aimer notre gouvernement? — Pourquoi nos présidents de la République ne se font-ils pas sacrer à Reims (2)? »

Une petite fille, interrogée sur ce qu'on lui apprend à l'école laïque, répond : « Pour le moment, on nous apprend le divorce et la séparation de l'Église et de l'État (3). »

Dans une école communale de l'Isère, les enfants de la première communion suivent les exercices de la retraite; lorsqu'ils rentrent en classe, on les punit en leur faisant copier dix fois : « J'ai manqué l'école par ma faute (4). »

A l'école de Chanu (Orne), l'élève Chinot traite de « patte croche » l'élève Gaubert qui riposte en appelant « sans-sel » Chinot qui n'a pas été baptisé. L'instituteur inflige à Gaubert une punition qui consiste à copier quinze fois sans faute et à réciter

1. *Echo de Paris*, 1er et 3 juillet 1908.
2. *Écho de Paris*, 19 juin 1909.
3. *La Réplique*, 5 juillet 1908.
4. *Écho de Paris*, 11 juin 1909.

ce qui suit : « J'ai voulu insulter un de mes petits camarades en l'appelant « sans-sel », sous l'absurde prétexte qu'il n'était pas baptisé. Je l'ai ensuite frappé avec une révoltante brutalité, à tel point qu'il lui a fallu s'aller faire panser chez lui. Bien que ce ne soit pas moi, enfant de dix ans, qui ai inventé ce stupide et féroce procédé, j'ai eu tort d'agir ainsi, car j'aurais dû me rappeler que : 1° chacun est parfaitement libre d'agir à sa guise sous le libéral gouvernement de la République; 2° la brutalité est l'arme exclusive des alcooliques ou des fanatiques ou des sauvages. Je regrette vivement mon acte barbare; je n'écouterai plus les infâmes conseils de ceux qui voudraient faire de moi, innocent bambin, un aveugle instrument de haine, et j'aimerai tous mes camarades, quelles que soient leur origine et leur religion. » M. Gaubert ayant refusé de laisser son fils se soumettre à cette sanction injuste et stupide, l'instituteur met le jeune garçon au piquet pendant huit jours (1).

En Champagne, une fillette est punie de plusieurs retenues, puis de plusieurs exclusions de l'école d'une durée de trois à quinze jours, pour avoir refusé de répéter les propos anticatholiques du *Manuel d'Histoire* de Rogie et Despiques (2).

Dans l'Aveyron, à Saint-Rome-de-Cernon, l'ins-

1. *Écho de Paris*, 16 février 1909.
2. Cité par Gurnaud, p. 118-127.

tituteur exclut de l'école pour trois jours, puis pour quinze, sept enfants qui refusent de copier un passage de l'*Histoire* d'Aulard, blessant pour leur foi (1).

L'instituteur de S... raye le nom de Dieu chaque fois qu'il le trouve dans les livres des élèves. Le curé, ayant déclaré en chaire qu'en agissant ainsi le maître d'école viole la neutralité, est condamné pour diffamation à 500 francs d'amende par le tribunal de Mortain, et ce jugement est confirmé sur appel par la Cour de Caen.

Dans une école de filles du XIIIe arrondissement, l'institutrice, voyant un catéchisme dans le carton d'une élève, le prend, le déchire et dit : « On vient à l'école pour travailler, non pour y lire le catéchisme. Ces bêtises-là ça se fait à l'église. » Quelques minutes après, la plupart des fillettes, quittant l'école, se rendaient à l'église pour l'exercice religieux préparatoire à la première communion (2). »

Dans un autre arrondissement, apercevant un catéchisme dans la serviette d'une élève, l'institutrice s'écrit : « Je ne veux pas de ça ici ! » Le

1. *Revue de l'enseignement primaire*, 4 octobre 1908, et *Éclair*, 23 octobre 1908.

2. *Écho de Paris*, 15 octobre 1908.

retrouvant le lendemain, elle le prend et le déchire (1). »

Dans une école de garçons de Grenoble, un instituteur adjoint, « voyant un catéchisme dans les mains d'un enfant, s'en empare, le froisse et le rejette avec mépris (2) ».

Dans une école de filles de Paris, une des maîtresses dit à une élève qui vient la visiter en costume de communiante : « Si je vous revois dans un pareil accoutrement, je vous mets à la porte. » Cette même institutrice, trouvant un livre de piété dans sa classe, punit l'enfant à qui il appartenait, en lui donnant à conjuguer le verbe : être malhonnête. Elle donne cinquante lignes de pensum à toute élève qui se signe au passage d'un enterrement (3).

Dans une école de filles de Grenoble, l'institutrice fait lever les élèves de la première communion, puis les autres, et déclare : « Celles qui ne font pas de première connmunion sont seules intelligentes ; toutes les autres sont des imbéciles (4). »

Dans une école de filles du IVe arrondissement, l'institutrice, faisant la classe d'histoire, passe brusquement de la conquête de la Gaule par César

1. *Echo de Paris*, 9 mai 1909.
2. *Id.*, 2 juillet 1909.
3. *Libre Parole*, 4 mars 1908.
4. *Écho de Paris*, 2 juillet 1909.

à la chute de l'empire romain, sautant ainsi les deux leçons relatives aux origines du christianisme et à son introduction en Gaule. Une élève lui faisant observer qu'elle n'a pas appris ces deux leçons, la maîtresse répond : « Celles-là, nous les passons (1). »

A S..., l'instituteur donne aux élèves la dictée suivante : « Leçon de morale. — Les animaux ont une âme comme la nôtre, mais moins développée. De même que l'homme provient d'une longue suite d'animaux de plus en plus parfaits, notre âme provient d'une longue chaîne d'âmes animales de plus en plus perfectionnées (2). »

Dans une école de filles de C..., la maîtresse de la deuxième classe professe que « l'idée du Dieu Créateur a fait son temps », que « tout le monde et ce qui l'accompagne sont le produit d'assemblages de parcelles d'atomes droits ou crochus », et que « nos ancêtres sont les descendants d'un singe et d'une guenon préhistoriques ». La mère de l'une des élèves lui ayant dit de faire sa prière, l'enfant répond qu'il n'y a pas de Dieu : « Qui t'a dit cela? — C'est mademoiselle. Nous sommes des parcelles, maman. — Tu es folle! — Mais, maman, mademoiselle dit que, quand on est mort, tout est fini, qu'il n'y a pas de bon

1. *Echo de Paris*, 10 octobre 1908.
2. *Idem*, 5 avril 1908.

Dieu ; que les catholiques sont souvent d'esprit morose (1). »

A F...-le-C..., un instituteur dit en classe : « Jésus-Christ n'était pas Dieu; c'était un philosophe comme il y en a eu tant. En tous cas, s'il vous faut une religion, mettez la religion catholique de côté et faites-vous protestant (2). »

Dans le Lot, un instituteur s'écrie que « Jésus-Christ aurait eu une fameuse chance de ressusciter, mais qu'il était absurde d'y croire » ; et une institutrice, désignant à ses élèves des paroissiens qui reviennent de faire leurs pâques : « Se peut-il, s'exclame-t-elle, qu'il y ait encore des gens assez arriérés pour aller tirer la langue devant un curé et recevoir un pain à cacheter (3) ! »

Un instituteur de l'Isère demande à un enfant qui se prépare à communier : « Quand le curé va-t-il vous donner sa pastille (4) ? »

A C..., l'instituteur déclare que, dans vingt ans, il n'y aura plus de religion en France. Un de ses élèves ne pouvant résoudre un problème, il l'in-

1. *Moniteur du Calvados*, cité par *la Réplique*, 3 janvier 1909.

2. *Écho de Paris*, 24 octobre 1907.

2. Faits cités par Mgr Laurans, évêque de Cahors, devant le tribunal correctionnel de cette ville où il était poursuivi pour avoir dénoncé le péril religieux couru par les enfants des écoles laïques.

4. *Écho de Paris*, 2 juillet 1909.

terpelle en ces termes : « Ce n'est pourtant pas si bête que les prières qu'on te fait réciter à l'église ! » Il veut faire acheter l'*Histoire* d'Aulard, et, comme les parents s'y refusent, il la dicte aux enfants (1).

Un instituteur du Loiret dit à ses élèves : « Il n'y a pas de Dieu. Les prêtres enseignent qu'il y a un Dieu. Moi, j'enseigne le contraire. Tout peut bien se faire tout seul. » Un autre instituteur développe en classe ce passage d'Edgar Quinet : « Il faut que le catholicisme tombe ! Non seulement il s'agit de réfuter le papisme, mais de le déshonorer ; non seulement de le déshonorer, mais de l'étouffer dans la boue (2). »

Cette « scène se passait ces jours derniers sous mes yeux, dans un joli village de province. Un enfant de dix à douze ans, fort intelligent, revenait de l'école communale, rentrait chez sa grand'mère, une brave femme qui l'élève. Sans même prendre garde au visiteur qui était là, il jeta brutalement son béret sur la table et cria : « Comment ! ma soupe n'est pas prête ? Qu'est-ce que tu f... donc ? » La malheureuse femme, en me jetant un regard navré, répondit : « Mon enfant, tu sais bien qu'en ne parlant ainsi tu fais de la peine au bon Dieu ? —

1. *La Réplique*, 17 janvier 1909.
2. *La Liberté*, 28 juin 1908.

Le bon Dieu? la bonne blague! Si tu t'imagines que nous y croyons, à l'école, au bon Dieu (1)! »

A J... le maître d'école fait écrire Dieu avec un petit *d*, parce qu' « il y a des gens qui croient en plusieurs dieux (2) ».

Dans une école de hameau, à la C.-sur-L..., l'instituteur répète aux enfants : « Ceux qui vous disent qu'il y a un paradis et un enfer sont des menteurs ; ça n'existe pas. »

A Azay-le-Rideau (Indre-et-Loire), une jeune garçon de huit ans me fait cette profession de foi : « Moi, je ne vais pas à l'école des Frères ; c'est des corbeaux ; quand je les vois, je leur crie : croâ ! C'est comme un sac qui les habille ; ils sont en noir comme s'ils avaient perdu père et mère ; et puis ils ont des chapeaux de curé ! Je vais à l'école laïque : le bon Dieu, l'enfer, tout ça, des blagues que racontent les curés ! »

Aux environs de Dol, un instituteur dit en classe : « Il est absurde de croire en un Dieu qui n'existe que dans l'imagination surchauffée des curés et des bigotes : l'immortalité de l'âme et l'éternité sont des contes de bonne femme (3). »

A l'école municipale Lavoisier, à Paris, un pro-

1. Louis Fabulet, *le Soleil,* 11 janvier 1895.
2. *La Réplique,* 20 août 1909.
3. *Le Nouvelliste de Bretagne,* cité par *l'Écho de Paris,* 2 janvier 1908.

fesseur se livre à de continuelles attaques contre la Bible (1).

Un élève d'une école laïque du VIe arrondissement, âgé d'une douzaine d'années, me dit: « Le bon Dieu? l'instituteur a déclaré que c'était notre conscience ! »

Grâce à une instance en justice, les propos antireligieux et immoraux de Morizot, directeur de l'école mixte de Viévigne, en Bourgogne, ont un retentissement considérable. Morizot déclare en pleine classe que « ceux qui croient en Dieu sont des imbéciles ; le bon Dieu, c'est un porte-monnaie bien garni, il ne faut pas se confesser au curé, mais à ceux à qui on a fait du tort ; les curés causent la guerre ; il n'y a pas de différence entre l'homme et la vache, car ils ont une queue tous les deux ; les parasites de l'homme comprennent le morpion qui se tient dans les parties sensibles et poilues de l'être humain. »

Malgré les vives réclamations des familles, l'Administration se tait. M. Girodet, père de l'un des élèves, actionne Morizot en paiement de 2000 francs de dommages-intérêts. Un inspecteur de l'Enseignement se hâte alors d'ouvrir une enquête, mais personne ne veut lui répondre depuis que la justice est saisie. Le président de la Ligue de l'Enseignement, Dessoye, interprète ce silence en disant que

1. *Libre Parole*, 14 novembre 1896.

« l'enquêteur rencontre, dès son arrivée, une cabale très savamment et très puissamment organisée (1) ».

Le tribunal de Dijon, estimant que Morizot n'est justiciable que des autorités administratives, se déclare incompétent. Sur appel, la Cour de Dijon réforme ce jugement et admet M. Girodet à faire la preuve des propos tenus par Morizot. Le préfet porte alors l'affaire devant le tribunal des conflits. Celui-ci confirme la décision de la Cour. Les débats s'ouvrent alors devant la Cour qui, estimant la preuve faite contre l'instituteur, le condamne à 200 francs de dommages-intérêts et aux dépens. Un mois après, Morizot est mis à la retraite. Le procès avait duré dix-huit mois.

L'action en justice, excellente pour éclairer l'opinion, est donc sans valeur pour assainir l'école, Morizót le proclame lui-même au cours d'une interview dont, après sa condamnation, il est l'objet: « J'ai toujours affiché hautement mes convictions républicaines et libres penseuses, et c'est là qu'il faut chercher les motifs de l'hostilité à laquelle j'ai été en butte... J'ai la satisfaction d'emporter dans ma retraite l'estime de mes collègues qui ont senti que ma condamnation était un défi, une attaque portée à l'Université et le résultat de manœuvres intéressées... Émus de cette persécution,

1. Discours à la Chambre des Députés, 17 décembre 1908.

des défenseurs me sont venus... Je me retire, mais d'autres viendront après moi défendre des idées qui ne peuvent périr ; je leur souhaite simplement plus de chance (1). »

De plus, arme à double tranchant, l'instance judiciaire peut être dangereuse pour ceux qui en usent. Vers le temps où était rendu l'arrêt Morizot, deux instituteurs de Saint-Leu-Taverny, qui avaient été l'objet d'une plainte au préfet de Seine-et-Oise pour violation de la neutralité religieuse, adressèrent une plainte en dénonciation calomnieuse et obtinrent du tribunal correctionnel de Pontoise la condamnation du père de famille à un mois de prison avec sursis et 200 francs d'amende (2).

Malgré cela, et parce qu'un procès heureux reste une éventualité menaçante, les anticléricaux voudraient retirer aux familles la garantie judiciaire. Rien de plus instructif à cet égard que leur attitude au cours des diverses phases de l'affaire Morizot.

Aussitôt le procès engagé, tous les membres de l'enseignement primaire se solidarisent avec leur collègue. « L'inspecteur primaire Delavoix, entendu comme témoin dans l'enquête, prend fait et

1. *Le Matin*, 5 janvier 1909.

2. Cité par le *Journal d'Indre-et-Loire*, 15 janvier 1909. Voir également ci-dessus la condamnation du curé de Saint-Martin-des-Landelles.

cause pour son instituteur (1) » ; il le défend encore dans une lettre au procureur général; lorsque l'affaire revient devant la Cour de Dijon. A la tribune de la Chambre, Briand reproche à la Cour de Dijon « de laisser s'affaiblir devant elle la préoccupation des intérêts publics et la notion des principes du droit (2) ». Le tribunal des conflits ayant renvoyé Morizot devant la juridiction de droit commun, Buisson jette aussitôt ce cri d'alarme qui est un cri accusateur contre l'entreprise scolaire : « L'état de choses créé par cet arrêt ne peut subsister. Sous un tel régime, la tâche de l'instituteur apparaît à peu près impossible à remplir. Il n'est plus un instituteur qui ose, dans de telles conditions, professer librement (3). » La tâche de l'instituteur est donc bien celle dont s'acquittait Morizot. Le droit de l'instituteur à « professer librement » est pour lui le droit de professer ce que professait Morizot. L'inspecteur primaire Jeannot estime que cet arrêt retire à l'enseignement « les garanties les plus élémentaires (4) ». Lorsque les débats s'ouvrent devant la Cour de Dijon, l'avocat général ne conclut à la condamnation qu'en faisant « ressortir certaines considérations de nature

1. *Écho de Paris*, 16 décembre 1908.
2. Cité par Gurnaud, *Écho de Paris*, 2 janvier 1909.
3. *Petite République*, 4 juin 1908.
4. *Petite République*, 2 juin 1908.

à atténuer la faute de l'instituteur et à permettre de ne pas le condamner trop sévèrement : il voit en Morizot «un homme qui a dit de grosses bêtises sans intentions mauvaises (1)». Mais *la Lanterne* (2), ne retenant que les conclusions de l'avocat général, estime qu'il a fait «le jeu des pires ennemis de la République» et espère que le Garde des Sceaux «saura rappeler cet étrange magistrat à son devoir». Elle ajoute que «le scandale de Dijon appelle d'autres mesures. Il faut au plus vite et à tout prix mettre l'école laïque à l'abri des entreprises de la réaction.»

La condamnation intervient. *La Lanterne* (3) écrit que «l'on peut se croire revenu au temps de l'Ordre moral où il était défendu de médire de la religion». *L'Action* (4) attaque ces «chats fourrés» qui «donnent la chasse à l'instituteur». Tous les journaux libres penseurs s'insurgent. Les instituteurs s'agitent, multiplient les protestations, font entendre dans leurs revues des cris de colère. Le bureau de l'Amicale des Instituteurs de la Côte-d'Or déclare que ses membres, «conscients de leur responsabilité», ont «la conviction intime» que

1. *Le Matin*. 22 décembre 1908.
2. 23 décembre 1908.
3. 29 décembre 1908.
4. 29 décembre 1908.

« l'acquittement de Morizot s'imposait (1) », et l'Amicale décide, à l'unanimité, de supporter les frais du procès et les dommages-intérêts dont le total s'élève à plus de 2.000 francs. Aulard écrit : « C'est la République laïque que la Cour de Dijon a condamnée en condamnant l'instituteur Morizot (2). »

Et ils ont tous raison, car tous les instituteurs font ce que Morizot a fait et que l'on a su par hasard : Morizot n'est pas *un* instituteur laïque, il est *l'Instituteur laïque*. Il a droit à être protégé par une nouvelle loi du Sacrilège. L'émotion des gens d'école, de Loge et de Gouvernement se justifie : ce que l'on attaquait en justice, ce n'étaient pas quelques propos accidentels d'un instituteur isolé, mais le fond même de l'enseignement officiel que le Gouvernement entend contraindre les familles à recevoir. Cette vaste conspiration de protestants, de francs-maçons et de juifs, qui a pour but de changer l'âme de la France, d'imposer aux consciences, par la violence légale, le reniement de leur foi, échouerait si les familles exerçaient sur l'école un contrôle *efficace*. Mais l'école n'est pas faite dans l'intérêt des familles et de leurs enfants ; elle n'est, pour l'État libre penseur, que le moyen le plus sûr de violer la liberté des pensées ; l'école est au service de l'État contre les citoyens ; elle est le mau-

1. *Revue de l'Enseignement primaire*, 24 janvier 1909.
2. Cité par Gurnaud, *l'Ecole et la famille*, p. 94.

vais lieu où les agents de l'État initient les générations nouvelles.

Après les paroles, les exemples.

Je vois, en gare de Gannat, des jeunes filles d'une quinzaine d'années qui, sous la surveillance d'une institutrice, lisent, en attendant le train, *la Dame aux Camélias* et une publication pornographique illustrée.

« Dans une école laïque de Marseille, en pleine classe, *le maître étant présent*, des enfants ont pu maintenir couché sur un banc un de leurs petits camarades, pendant près de vingt minutes, lui urinant, à tour de rôle, dans les oreilles, sur les yeux et dans la bouche (1). »

L'instituteur de M..., en prenant possession de son école, mélange les deux sexes et distribue à ses élèves l'*Histoire de France* de Calvet. Les pères de famille se rendent en corps à l'école pour demander la suppression de ce manuel et la séparation des garçons et des filles. L'instituteur répond qu' « il est le maître de faire ce qui lui plaît (2) ».

A C...-s.-L..., on fait chanter en classe, aux petites filles de l'école laïque : « Vive le vin qui éveille l'amour ! »

1. Extrait du *Cri de Marseille*, journal blocard, — cité par Monniot dans sa brochure *Bas les Masques ! L'Ouest-Eclair et ses dirigeants*, p. 56.

2. *Mémorial de la Loire*, cité par *la Réplique*, 29 janvier 1909.

A E...-M..., l'instituteur et l'institutrice font copier, apprendre et chanter la romance de la belle Lison : les enfants célèbrent l'amour à plein gosier (1).

Dans une commune, les deux institutriees composent une chanson érotique avec ce refrain : « C'est là saison des épousailles dans les broussailles ! » et la donnent en dictée aux petites filles qui, dans la même semaine, vont faire leur première communion. Dans une autre école, les élèves sont conduits à la messe, le dimanche, munis de livres obscènes qu'ils lisent durant l'office (2).

Sur les images données en récompense aux petites filles des écoles communales de Paris, on lit : « Le rire gigantesque de Rabelais raille les papelards et les cagots qui compriment et dévient la nature, la bonne mère. La doctrine de Rabelais se résume dans le précepte, mal compris et trop décrié, de Thélème : « Fais ce que tu voudras, parce que la nature est bonne et veut ce qu'il faut (3). »

Dans une école primaire supérieure de garçons, à Bordeaux, on donne à des élèves de treize à quinze ans, pour sujet de composition, à décrire le désespoir d'« Aimée » dont « le fiancé vient de

1. *La Réplique*, 11 octobre 1908.

2. Faits cités par Junius, *Écho de Paris*, 22 août 1909.

3. *Le Peuple français*, cité par *la Libre Parole*, 28 décembre 1896.

partir au-delà des mers et ne reviendra plus », et le suicide d'Aimée qui « dévore avidement des fruits de belladone (1) ».

Dans l'Allier, une institutrice laïque explique à ses élèves « la manière de procréer (2) ».

Dans une école de filles de Paris, une des maîtresses lit, chaque jour, à ses élèves de treize et quatorze ans des faits divers passionnels empruntés aux journaux. Plusieurs autres institutrices « reçoivent en classe des amis et prennent avec eux des privautés tout à fait édifiantes pour leurs élèves (3). »

Les leçons de choses morales s'accompagnent de leçons de choses anticléricales.

Un instituteur, passant avec ses élèves devant une église, promet deux sous à celui d'entre eux « qui fera la plus belle grimace au bon Dieu (4) ».

Il y a quelques années, des voisins de l'école laïque de la mairie du Panthéon, à Paris, me signalent que, sous la surveillance de leurs maîtres et sans doute excités par eux, les élèves emploient leur récréation à crier en chœur : « Hou! hou! à bas la calotte ! » A la sortie de l'école, ils vont au-devant des élèves qui viennent de l'école parois-

1. *L'Autorité*, citée par *la Libre Parole*, 3 janvier 1897.
2. *La Réplique*, 5 juillet 1908.
3. *Libre Parole*, 4 mars 1908.
4. *Le Gaulois*, 17 décembre 1908.

siale, et, dans la rue, les attaquent à coups de pierres, à coups de pieds et de poings.

Fréquemment, des instituteurs ou institutrices se font enterrer civilement; l'Administration donne alors à leurs obsèques toute la solennité possible et oblige les enfants à y participer.

L'École professionnelle d'Angers, envoyant, à la demande des familles, les élèves à la messe, transforme l'accomplissement de ce devoir religieux en une scandaleuse manifestation libre penseuse hebdomadaire. Les élèves pénètrent bruyamment dans la cathédrale après l'Évangile, couvrent du bruit des chaussures sur les dalles et des chaises remuées la voix du prêtre qui est en chaire ; pendant tout le reste de la cérémonie, même durant l'Élévation, ils restent assis. J'en fus témoin il y a trois ans. Récemment *l'Écho de Paris* (1) signale les faits et ajoute : « Le jeune homme imberbe, chargé de conduire les élèves, tire ostensiblement son journal, et, pendant l'office, se plonge dans sa lecture. »

Si la propagande par le fait ne s'exprime pas par la dérision, elle se traduit par la prohibition indirecte.

L'instituteur de J..., afin d'empêcher les enfants de remplir leurs devoirs religieux, inaugure la classe du dimanche (2).

1. 27 mai 1909.
2. *Écho de Paris*, 27 juin 1909.

A l'orphelinat municipal de filles de la place Thiers, à Tours, les heures de sortie sont calculées de manière à empêcher les enfants d'aller à la messe : les parents ne peuvent, en effet, les venir chercher qu'après deux heures du soir ; or il est défendu aux enfants de sortir seules et au personnel de l'orphelinat de les conduire à l'église. Au début, et pour endormir les susceptibilités des familles, on tolérait de la directrice, d'ailleurs de convictions honnêtes, qu'elle allât à la messe avec ses élèves; mais elle en a, depuis, reçu interdiction.

A Dijon, le maire décide qu'il sera servi des aliments gras, le vendredi, dans les cantines scolaires, parce que, dit-il, « un instituteur libre penseur a faim le vendredi lorsqu'on lui impose de faire maigre (1) ».

Dans les cantines scolaires de Valence, on ne sert de la viande que le vendredi et le samedi, et, durant le Carême, le mercredi et le vendredi. Si cependant les enfants étaient musulmans ou juifs, on se garderait de leur donner du porc (2).

L'interdiction de remplir ses devoirs religieux n'est pas toujours indirecte ; elle est parfois explicite.

Le Comité directeur de la Caisse des écoles d'un

1. *Écho de Paris*, 30 juin 1908.
2. *L'Action française*, 14 mars 1909.

arrondissement du centre de Paris organise une colonie de vacances et décide qu' « aucun enfant ayant fait sa première Communion ne sera admis parmi les bonnes œuvres républicaines (1) ».

Un instituteur « promet aux pères de ses élèves que ceux-ci seront reçus au certificat d'études s'ils ne font pas leur première Communion (2) ».

A la distribution des prix de l'école de filles de R...-s...-O..., on proclame un prix offert à l'élève qui n'a pas fréquenté les patronages catholiques (3).

Un conseiller d'arrondissement de Joigny (Yonne) ordonne aux instituteurs et institutrices du canton de n'accorder les prix du certificat qu'aux seuls élèves « qui n'assistent pas à la messe et qui ne fréquentent aucune société catholique (4) ».

L'administration de l'école municipale de D..., à Paris, fait signer aux parents des enfants boursiers la formule suivante : « Je déclare être informé qu'aucun enseignement religieux n'est donné à l'école. » L'école ne comptant que des internes, les élèves ne peuvent suivre les cours d'instruction religieuse institués en dehors (5).

1. *Écho de Paris*, 24 juillet 1909.
2. *Le Signal*, journal protestant, — cité par *la Semaine religieuse de Paris*, 16 janvier 1897.
3. *Écho de Paris*, 27 août 1909.
4. *La Réplique*, 18 juillet 1909.
5. *Écho de Paris*, 15 juillet 1909.

On n'empêche les enfants des écoles d'assister aux cérémonies de leur culte que pour les amener à participer aux cérémonies d'un autre culte. Le directeur de l'école communale des rues Lecomte et Petiet prie (1) les « F.·. F.·., délégués cantonaux, administrateurs des Caisses des écoles, instituteurs, d'aider de tout leur pouvoir et de toute leur influence à instaurer, dans les milieux scolaires, la fête laïque et républicaine » de « l'Arbre de la Liberté aux lieu et place de la fête de l'Arbre de Noël qui, à cause de son origine, ne devrait plus exister dans nos écoles. La fête de l'Arbre de la Liberté, née dans nos temples maç.·., rappelle aux élèves le souvenir des grands et honnêtes républicains de 1848 qui nous donnèrent le suffrage universel. Cela vaut mieux que de leur rappeler une légende religieuse qui leur fausse l'esprit et le jugement. »

II

RÉSULTATS DE L'ENSEIGNEMENT LAIQUE

On pressent ce que sont les fruits de l'enseignement antichrétien donné par le livre laïque, par la parole et l'exemple de maîtres laïques dé-

1. Planche maçonnique, citée par l'*Echo de Paris*, 14 février 1904.

pourvus d'indépendance politique, de science et de moralité. Ils se résument en ignorance, démoralisation et fanatisme.

On constate en effet que la fréquentation scolaire n'est pas sensiblement supérieure à ce qu'elle était avant la loi sur l'obligation scolaire (1), que les élèves congréganistes remportent les plus nombreux succès aux concours et examens (2), qu'enfin les élèves laïques demeurent profondément ignorants.

D'après *la Epoca* (3), la proportion des illettrés en Espagne est d'autant plus grande que la région est plus anticléricale. En France, l'école ne répand pas moins l'ignorance que l'anticléricalisme.

1. « La situation est aujourd'hui à peu près ce qu'elle était avant l'application de la loi de 1882 : une moyenne de 5 0/0 d'enfants dans les campagnes, de 10 0/0 dans les centres populeux, ne fréquentant aucune école ; et, chose plus grave, les 95 centièmes fréquentant d'une manière tout à fait insuffisante. » (Cazes, *Annuaire de l'enseignement primaire*, 1904, p. 421).

2. « De 1848 à 1878, sur 1.445 bourses mises au concours pour des écoles primaires d'enseignement supérieur par la ville de Paris, 1.148, environ 80 0/0, ont été données aux élèves des Frères », et les dix premiers étaient presque toujours leurs élèves. (Enquête de la Chambre des députés, 1899). C'est pour cela sans doute que les anticléricaux les appellent Frères ignorantins et que, dans l'exposé des motifs de la proposition de loi contre les congrégations enseignantes, Combes a invoqué la médiocrité de leur enseignement.

3. Citée par *le Petit Journal*, 2 janvier 1909.

Deux bons élèves d'une petite ville des environs de Paris, ayant à traiter le sujet « Batailles de Waterloo et de Sedan, leurs conséquences pour notre pays », remettent les copies suivantes(1) :

« 1° La bataille de Waterloo fut gouvernée par Napoléon III et avait pour femme la princesse Eugénie. Il commença à ne plus pouvoir la diriger et ce fut un grand malheur. Nous voyons la campagne de Russie à Wagram par le maréchal de Mac-Mahon. Mac-Mahon gagna la bataille de Bazaine. La paix a été signée à Campo-Formio. La campagne de Sedan fut désastreuse : c'est là que Turenne fut mort. »

2° « Après la défaite de Waterloo, Louis XVIII s'en alla en France. Il reprit trois autres ministres : Casimir Périer, Thiers, Guizot. Le cardinal Fleury releva ses affaires, par sa prudence. Louis XVIII fut empereur sous le nom de Napoléon III. La bataille de Waterloo est sous le règne de Napoléon Ier, en 1704, contre les Anglais. Il fut vaincu à cette ville et perdit beaucoup de soldats morts de froid par la nuit du 4 août, au passage du Saint-Bernard. Il fut obligé de capituler avec huit mille hommes. Il est né en Écosse. La bataille de Sedan est sous le règne de Louis XIV contre les Russes : nous y avons gagné cette bataille qui a fait du

1. *Echo de Paris*, 13 juillet 1906, copies citées par d'Esparbès.

bien à la ville à cause de ses belles fabriques de drap les plus renommées et par sa situation. »

M. Jules Renard (1) a noté quelques réponses faites, aux examens pour le certificat d'études primaires, par des écolières nivernaises : « Le Havre est un port militaire célèbre par ses huîtres. » — « Vauban était un orateur. » — « Mme Roland était une reine de France guillotinée. » — « Mme Roland était la femme du neveu de Charlemagne qui mourut en jouant du cor de chasse. »

A Paris, on donne à traiter, à ce même examen, le sujet suivant : « Que savez-vous des tremblements de terre de Messine et de la Calabre ? » Dans une des copies bien notées on lit : « Messine est une jolie petite ville où il y a beaucoup de champs de macaroni ; il y a aussi des mines de marbre, ce qui fait qu'il y a des tremblements de terre (2). »

M. Jules Payot (3) a retenu les réponses suivantes, faites au même examen : Les Carolingiens sont « la race de rois dont Hugues Capet fut le chef ». — Charlemagne est un « mérovingien ». — « Louis XI avait Duguesclin sous ses ordres. » — « La Renaissance est la période qui s'écoule du XIIe au XVIIe siècle ». — « La Réforme en France fut

1. *Bulletin de l'Amicale des Instituteurs de la Nièvre*, cité par *l'Écho de Paris*, 16 janvier 1907.
2. *L'Action française*, 15 août 1909.
3. *Le Volume*, 14 novembre 1908.

prêchée à Genève par Calvin qui était évêque de Noyon ». — La Réforme s'introduisit en France « sous Henri IV; les Albigeois se firent protestants; le roi fut obligé d'envoyer Simon de Montfort leur faire la guerre ». — « En 1815, la Révolution prit fin ; Napoléon fit son coup d'État. On signa les traités de Paris et de Westphalie. » — « En 1815, il y eut les Cent Jours pendant lesquels régna Charles X. » — « Louis XVIII était le descendant de Louis XVI par Philippe-Égalité. » — La Chambre introuvable « était une chose qui n'existait que de nom ». — « La Terreur blanche fut la révolte des libéraux. » — « La Commune se souleva contre l'Assemblée en 1871, pour rétablir la royauté. » — « Napoléon III fit la guerre au Mexique pour lui enlever la Crimée et fortifier son indépendance. Il envoya une flotte sous le commandement de Fernand Cortez, mais celui-ci fut assassiné. » — Récit de la Révolution de 1848 : « Le peuple s'était révolté avec les tisserands lyonnais pour donner le pouvoir à un nouveau gouvernement; il fit le siège des Tuileries avec des troupes commandées par Louis-Philippe. Il prit les principales places fortes. »

Les enquêtes de régiments donnent d'aussi lamentables résultats (1).

1. Les faits qui suivent sont empruntés à un article paru sous la signature d'Henry Houssaye dans *l'Echo de Paris* du 20 mars 1907.

Un Parisien, intelligent, qui gagnait dix à douze francs par jour comme dessinateur-brodeur, répond à son capitaine que Jeanne d'Arc était « une héroïne du jour » ; Bayard, un « soldat sous Louis XIV » ; Iéna, « un général » ; l'Alsace-Lorraine, « une grande ville de France » ; l'amiral Courbet « fit le combat naval sous Louis XIV » ; le colonel Marchand « a naturalisé les nègres » ; Gambetta était « un grand général ».

Sur vingt Parisiens, dix-sept ignorent les noms de l'amiral Courbet et du général Chanzy. Pour d'autres jeunes soldats, Napoléon « a été empereur du monde entier pendant cent jours » ; ou bien « il a été fait prisonnier par les Anglais, au pont de Montereau » ; ou encore « il est mort emprisonné après avoir été emmené à Clermont-Ferrand » ; Jeanne d'Arc était « un grand homme qui a fait des guerres ; Bayard, un grand marin » ; Louis XIV, « un ancien officier qui vivait en 1547 » ; la Révolution « a eu lieu à cause de la mort de Louis XIV » ; Marceau fut « un ancien dessinateur » ; Austerlitz, « un ambassadeur » ; Valmy, « une bataille sous Napoléon, il y a cinquante ans » ; Strasbourg, « une bataille, je ne sais où » ; les colonies sont « un endroit où l'on met les mauvais sujets et les enfants abandonnés » ; l'Algérie est « une puissance où il y a des nègres » ; Victor Hugo « inventa le vaccinage ».

Sur 115 recrues, 27 0/0 ignorent Jeanne d'Arc ;

37 0/0, la Révolution ; 40 0/0, la guerre de 1870 ; 45 0/0, l'Alsace-Lorraine ; 60 0/0, Napoléon ; et 66 0/0, Louis XIV.

On m'a cité les réponses suivantes faites par des jeunes soldats : « Jeanne d'Arc est un général ayant habité Orléans et voyagé en Touraine » ; — « la République, c'est le Ministre de la Guerre ». Un autre ignore quelle sorte de gouvernement existe en France, et un autre, quelles sont les couleurs du drapeau (1).

Mais il reste quelque chose de l'enseignement reçu, qui est son esprit général d'amoralité ou d'immoralité, d'irréligion ou de fanatisme antireligieux.

Alfred Fouillée remarque (2) qu'à Paris, sur cent enfants poursuivis, deux sortent d'une école religieuse, et, sur cent détenus à la Petite-Roquette, onze seulement ont passé par l'école congréganiste. De plus, « la criminalité de la femme varie entre le dixième et le tiers de celle des hommes » ; or, dans les départements bretons, où l'homme est sensiblement aussi religieux que la femme, la criminalité de l'homme descend au niveau de la

1. On trouvera d'intéressants renseignements sur l'ignorance de la classe ouvrière, dans *la Vie ouvrière*, par Jacques Valdour. Chez Giard et Brière, Paris.

2. *Revue des Deux Mondes*, 1897.

criminalité féminine, tandis que dans les grandes villes où l'irréligion de la femme est presque égale à celle de l'homme, sa criminalité s'élève presque au niveau de la criminalité masculine.

La démoralisation de l'enfance se traduit d'abord par la grande augmentation des suicides de mineurs. La moyenne des suicidés de moins de seize ans, qui était de 19 en 1836 et 25 de 1871 à 1875, est de 78 en 1896, et de 120 en 1900. La moyenne des suicidés de seize à vingt-et-un ans, qui était de 128 en 1836 et de 168 de 1871 à 1875, est de 529 en 1896 et de 781 en 1900. Leur nombre a donc quadruplé et quintuplé en soixante-quatre ans (1).

L'accroissement de la criminalité depuis trente ans est caractérisé par ce fait qu'il porte surtout sur les jeunes gens de treize à vingt-et-un ans. Le nombre des prévenus de seize à vingt-et-un ans qui, de 1875 à 1885, sous le régime de l'école congréganiste, oscillait entre 20.836 et 20.685, s'est élevé, de 1885 à 1895, sous le régime de l'école laïque, à 30.763 et 32.317 (2).

Cette criminalité juvénile se distingue par son caractère de particulière férocité : l'adolescent tue par jalousie amoureuse ou par caprice. Deux garçons de quatorze ans, habitant à Paris, rue Crozatier,

1. *Le Peuple Français* et *la Réplique*, 28 juillet 1909.

2. *Compte rendu de l'Administration de la justice criminelle*, 1895.

se disputent les faveurs d'une fillette de treize ans ; la coquette ne se déclarant pas, l'un des amoureux frappe son rival d'un coup de couteau en pleine poitrine (1). A la Villette, rue Secrétan, un jeune homme de seize ans tue un garçonnet d'un coup de stylet : « Sa tête ne me revenait pas (2). » A Châlon-sur-Saône, un jeune homme de vingt ans tire un coup de revolver sur son père, parce que « celui-ci l'embêtait (3). » Les instincts criminels se manifestent dès l'école : nous avons cité des assassinats entre élèves d'école normale d'instituteurs ; récemment s'est révélée, à l'École des Arts et Métiers de Lille, où un surveillant est assommé pendant son sommeil par plusieurs élèves, l'existence d'une bande noire qui se ramifie dans toutes les écoles similaires.

Fanatisés enfin par des maîtres pleins de haine pour la foi chrétienne, les enfants sont prêts au crime contre Dieu et contre les croyants. Un fils d'instituteur, élève d'une école primaire supérieure du Lot, communie, garde l'hostie et la donne à un porc (4). Des jeunes gens de dix-huit ans, aux cris de :

1. *Le Journal*, 16 janvier 1906.
2. *Le Petit Journal*, 15 octobre 1903.
3. *Echo de Paris*, 24 janvier 1909.
4. Fait cité devant le Tribunal correctionnel de Cahors par l'évêque de cette ville, Mgr Laurans, poursuivi pour avoir interdit l'usage de manuels scolaires anticatholiques.

« Mort aux calottins » ! assaillent à coups de révolver un patronage en promenade dans la banlieue parisienne ; ils blessent un prêtre et deux jeunes gens ; ils tuent Hippolyte Debroise. L'Église compte encore des martyrs. La laïque fait les assassins.

CHAPITRE VI

LA DÉFENSE CONTRE LA LAÏQUE ET LA NOUVELLE OFFENSIVE DE LA LAÏQUE

Attaqués par l'école, les catholiques ont combattu avec vaillance pour sauvegarder les droits de la pensée libre : ils ont largement payé de leur personne et de leur argent pour créer et entretenir les écoles de liberté. Le nombre des élèves allait augmentant toujours; leur assiduité était, de l'aveu des inspecteurs officiels, plus grande que celle des élèves de la laïque ; les examens et concours attestaient la supériorité de leur formation intellectuelle ; les statistiques de justice, la supériorité de leur formation morale.

L'intolérance libre penseuse ne pouvait plus longtemps souffrir ces démentis infligés aux prétentions laïques ni le danger que la concurrence heureuse de l'école d'Église faisait courir à l'école d'État. Le Parlement, puissance arbitraire et despotique, décide la suppression de l'enseignement congréganiste. Champions de la justice, les catholiques confient les écoles qu'ils peuvent sauver à des maîtres pieux et instruits, protégés par l'habit séculier contre la haine légale.

Mais, les écoles libres étant moins nombreuses, l'enseignement officiel devient de jour en jour plus agressif contre la foi chrétienne. Il faut donc songer à se défendre, dans l'école même, contre l'école. Ce sont, d'abord, des démarches déférentes et patientes. Dans une commune, deux années de suite et toujours inutilement, une délégation de chefs de famille se rend auprès du maître d'école pour le prier de remplacer par un autre manuel l'*Histoire de France* d'Aulard et Debidour (1). Dans une petite commune des Ardennes, les familles signent une pétition pour demander « qu'il ne soit pas distribué aux enfants des livres où le nom de Dieu est barré à l'encre », et « que les enfants ne soient pas empêchés de fréquenter les offices et catéchismes » par des cours ouverts à dessein à la même heure (2). En différentes localités, quelques plaintes sont administrativement adressées aux inspecteurs de l'Instruction publique. Enfin, à Viévigne, on a recours à l'action judiciaire à propos de l'instituteur Morizot.

Contre un mal général des efforts isolés demeu-

1. *Eclair*, 23 octobre 1908.
2. *Echo de Paris*, 6 juillet 1908.

rent impuissants. L'association des pères de famille de Saint-Rambert-en-Bugey (Ain) se fonde en 1905 pour faire observer par l'école la neutralité inscrite dans la loi. Du département de l'Ain, qui en compte aujourd'hui vingt-et-une, ces associations se répandent dans les autres provinces. Le Congrès diocésain de Paris du 1er mars 1909 émet le vœu qu'il s'en constitue dans toutes les paroisses. Dans les six premiers mois de 1909, le *Journal officiel* enregistre cinquante-cinq déclarations d'associations nouvelles de pères de famille, presque deux fois plus qu'en 1907.

En cette grave matière, des initiatives privées, même collectives, ne peuvent suppléer à l'autorité qualifiée pour intervenir. L'épiscopat estime l'heure venue de proclamer le droit des consciences et de redire aux chefs de famille leur devoir : « Vous surveillerez l'école publique, écrivent les évêques de France dans leur déclaration du 20 septembre 1908, employant d'abord tous les moyens légaux pour la maintenir dans l'observation de ce que, à défaut d'une expression meilleure, nous appellerons l'honnête neutralité (1). Que si

1. « Le principe de la neutralité en matière d'enseignement est un principe faux, parce qu'on ne peut, sans faillir, se désintéresser des principes fondamentaux qui constituent la religion. Aussi est-ce au point de vue *tactique*, et non au point de vue *principe*, que les évêques l'ont revendiqué.

L'enseignement neutre est un minimum sur lequel nous

elle s'obstinait à être un péril pour la foi de vos enfants, vous devriez leur en interdire l'accès. »

Dès le 19 juillet 1907, Mgr Laurans, évêque de Cahors, condamne et interdit, comme « constituant un grave danger pour la foi des maîtres et des élèves », l'*Histoire* de Calvet, l'*Histoire* d'Aulard et Debidour, la *Morale* de Bayet et la *Morale* de Payot dont plusieurs écoles laïques de son diocèse font usage. Le 15 décembre 1908, il écrit une lettre pastorale « sur les écoles où il est fait usage de livres condamnés par les autorités ecclésiastiques ». Son mandement pour le carême de 1909 traite de « la déchéance religieuse par l'école athée ».

Dans son mandement du 2 février 1909, Mgr Ricard, archevêque d'Auch, jette l'interdit sur les manuels de Bayet, Payot, Calvet, Aulard-Debidour ; et, dans une lettre à son clergé, le 18 février (1), demande que les « erreurs historiques, religieuses ou morales que les enfants sont exposés à entendre en classe « soient l'objet de réfutations claires et précises : 1° « avant chaque leçon du catéchisme »; 2° « du haut de la chaire avant le prône, après la lecture de l'évangile »; 3° « dans tous nos Bulletins paroissiaux ». « Pour

nous rabattons ». (Réponse de Mgr Baudrillart, recteur de l'Université catholique de Paris, à l'enquête de *l'Univers* sur la *Neutralité scolaire*). — Cité par l'*Écho de Paris*, 10 octobre 1908.

1. Citée par *le Siècle*, 25 février 1909.

faciliter la tâche aux catéchistes, aux prédicateurs et aux Bulletins, nous avons confié à une plume intelligente et déliée le soin de donner, sous la rubrique *les Mensonges de l'école*, dans notre *Semaine religieuse*, la réponse aux erreurs dont on nourrit nos pauvres enfants (1). »

En présence de ces actes de défense, quelle est l'attitude du gouvernement ?

Il multiplie ses agressions contre les écoles chrétiennes de France, des colonies et du Levant.

1. Dans un article intitulé *le Catéchisme contre l'école*, *Le Siècle* (1er mars 1909) écrit : « Si les prescriptions que l'archevêque d'Auch vient d'adresser à son clergé étaient fidèlement exécutées, chaque leçon du catéchisme serait transformée en une critique de l'enseignement scientifique, historique, donné dans l'École... L'archevêque d'Auch n'a peut-être pas réfléchi qu'en agissant de la sorte les curés sortiraient de leurs attributions religieuses et transformeraient le catéchisme en une véritable école, laquelle tomberait sous le coup de la législation qui régit les écoles primaires. Lorsque le législateur a prévu, dans son libéralisme, qu'un jour par semaine pourrait être utilisé en vue de l'instruction religieuse des enfants, il n'a pas entendu autoriser les curés à se transformer en professeurs d'histoire, de science ou de littérature. Il sera peut-être utile de le faire savoir à l'archevêque d'Auch. » Le même législateur a cependant autorisé, dans son libéralisme, les professeurs d'histoire, sciences et littérature, à transformer en contre-catéchisme un enseignement dont ils font un tissu de contre-vérités. Si le catéchisme s'oppose à l'école, c'est que, depuis sa fondation, l'école s'oppose au catéchisme. L'article du *Siècle* en dit long sur la mentalité des libres penseurs et la perfidie des lois.

En 1902, il fonde et subventionne la *Mission laïque française* qui, en Orient, dresse, en face de l'école religieuse, l'école athée. Le secrétaire de la commission de propagande est alors le directeur de l'école J. Macé à Bondy (Seine). Le comité de patronage a, pour président d'honneur, le directeur de l'enseignement primaire ; pour membres, les femmes Paul Bert et Jules Ferry, les trois directeurs de l'enseignement, Gasquet, Bayet et Rabier, le vice-recteur de l'Université de Paris Liard, des F.·. M.·. de marque : Léon Bourgeois, Brisson, Dubief, Étienne, Doumer, Aulard ; des gouverneurs coloniaux, de hauts fonctionnaires, des professeurs de lycée, des inspecteurs généraux de l'Instruction publique comme Foncin et le juif Petit. *Le Temps* (1), annonçant la fondation de la mission laïque, explique que son but est de mettre un terme au « prosélytisme si souvent dangereux des écoles missionnaires ». Les instituteurs de la Mission laïque sont préparés par un stage d'un an à l'école Jules-Ferry créée par la Mission. Le traitement de ces instituteurs est assuré par le budget de chaque colonie. Le *Progrès de Lyon* (2) fait remarquer que, si le Ministre des Affaires étrangères Pichon est venu, au début de 1909, présider le banquet de la Mission laïque, ce n'est pas

1. Cité par *la Raison*, 23 novembre 1902.
2. Cité par *le Siècle*, 21 février 1909.

« sans que le Gouvernement en eût à l'avance délibéré » ; il ajoute qu'il faut voir « vraiment là un acte politique considérable et significatif », qui « inaugure officiellement une direction nouvelle » et nous fait sortir de cette période « où la République se sentait honteuse et mal à l'aise de figurer devant l'univers comme la protectrice traditionnelle des intérêts catholiques ;... désormais, la mission civilisatrice de la France parmi les nations neuves et les races en éveil est absolument laïque ».

Si l'État porte la guerre au-delà de ses frontières, c'est qu'en France même il a déjà sensiblement affaibli son adversaire. En face de l'école chrétienne dont tous les bancs sont garnis d'enfants, il se contente d'abord de maintenir, même vide, l'école antichrétienne : encore aujourd'hui, en Anjou, le tiers des écoles publiques ne compte aucun élève ou cinq élèves au plus (1) ; dans l'arrondissement de Bressuire, une commune de treize cents habitants possède une école de hameau qui a un instituteur et pas d'élèves, une école de garçons qui a deux instituteurs et un seul élève, fils du cantonnier; une école de filles qui a une institutrice et pour unique élève la fille de l'instituteur ; les habitants envoient tous leurs enfants aux écoles libres (2). Puis l'État enlève,

1. *Le Matin*, 16 avril 1909.
2. *Écho de Paris*, 15 avril 1909.

par la loi de 1901, aux frères et sœurs, moines et moniales, le droit de s'associer : de nombreuses écoles, indirectement atteintes, sont obligées de fermer. Il interdit enfin aux congréganistes, par la loi de 1904, d'enseigner (1) : des milliers d'écoles libres disparaissent, et l'on calcule (2) que, si l'État entreprend de subvenir aux besoins de toute la population scolaire chrétienne, la charge budgétaire augmentera de 90 millions. En France, ainsi qu'en tout pays despotiquement gouverné, ce n'est pas celui qui vote les impôts qui les paie.

Mais il reste les écoles libres séculières.

A l'action législative s'ajoute l'action administrative.

Les fonctionnaires sont obligés, en fait, d'envoyer leurs enfants à l'école officielle. Deux exemples : — Le maire radical d'Amiens signe la circulaire suivante : « La municipalité actuelle croit

1. A la séance du Sénat du 20 novembre 1903, Maxime Lecomte déclare, au nom de l'extrême-gauche : Nous voterons la loi « parce que nous aimons la liberté. » Waldeck-Rousseau s'y refuse uniquement parce qu'il estime que la loi de 1901 contre le droit d'association suffit pour atteindre le même but : « Je dis que vous êtes armés. La loi de 1901 contient toutes les armes dont le Gouvernement a besoin ; il peut procéder par échelons et étapes. » Mais précisément on se sent assez fort pour brûler les étapes et arriver plus vite à ce que Clémenceau, à cette même séance, appelle « la sécularisation complète de l'État. »

2. *Écho de Paris*, 19 décembre 1903.

devoir informer tous les agents des services de la ville qu'elle ne saurait accorder sa confiance à ceux d'entre eux qui refusent la leur aux maîtres de ses écoles (1). » — Le Conseil municipal de Mantes vote une motion « invitant l'Administration à veiller à ce que les enfants des fonctionnaires et employés municipaux ne fréquentent pas d'autres écoles que les écoles publiques (2). »

De même, « les enfants secourus n'ont pas le choix de l'école qu'ils doivent fréquenter... ; il est exigé qu'ils fréquentent l'école communale (3). »

Pour attirer les autres enfants, les rabatteurs de la laïque vont, à Paris, envoyés par chaque mairie quêter à domicile pour la Caisse des écoles ; ils en profitent pour noter comme suspects les citoyens qui refusent de donner ; sous l'influence de la crainte, les recettes se sont élevées, dans le Ve arrondissement par exemple, de 65.000 francs en 1895 à 72.000 francs en 1898. Or le dispensaire de la Caisse des écoles des Ternes se refuse à donner les soins médicaux aux enfants des crèches et écoles libres ; indignés, les treize médecins qui assu-

1. *Semaine religieuse de Paris*, 31 janvier 1903.
2. *Écho de Paris*, 31 décembre 1908.
3. Note de service envoyée le 20 décembre 1902 par l'inspecteur départemental des Enfants assistés de la Vendée, au maire de Sainte-Radegonde-des-Noyers. — *Semaine religieuse de Paris*, 24 janvier 1903.

raient le service démissionnent (1). Au XVIIIe arrondissement, le Conseil d'administration de la Caisse des écoles décide de ne plus accorder de secours même aux enfants des écoles communales s'ils ont des frères ou sœurs dans les écoles congréganistes (2). Les colonies scolaires que les Caisses des écoles alimentent ne reçoivent que les enfants des écoles publiques. En province, le Gouvernement impose de semblables pratiques si les municipalités ne les observent pas spontanément : le conseil municipal de Grenoble ayant décidé à l'unanimité que les enfants des écoles libres bénéficieraient des cantines scolaires jusqu'à concurrence d'une dépense annuelle de 1.000 francs, le Ministre de l'Instruction publique, Doumergue, enjoint au préfet de « supprimer l'allocation (3) ».

Aux associations d'élèves chrétiens, l'Administration oppose les associations d'élèves laïques, les *Petites Amicales* (4). En 1909, celles-ci tiennent au

1. *Écho de Paris*, 8 janvier 1900.
2. *Eclair*, 18 janvier 1900.
3. *Echo de Paris*, 7 janvier 1909.
4. On peut lire, dans le *Progrès de Lyon* des 17, 19 et 29 octobre 1905, des articles sur l'organisation de l'Amicale des anciens élèves de l'école laïque de la Guillotière; sur la fête donnée par l'Amicale des anciens élèves des écoles laïques des rues Centrale, Palais-Grillet et Marronniers; sur la Fédération générale des petites A de la région lyonnaise.

Havre leur premier congrès national : elles sont au nombre de 8.000 et comptent un million de membres.

Il s'y joint des cercles, patronages et mutualités, « toutes œuvres qui se proposent de fortifier et de continuer l'œuvre libératrice de l'école laïque, car l'esprit laïque doit animer toutes ces œuvres comme il anime l'école même (1) ».

De nombreux élèves de la laïque, les plus militants, sont groupés en une Fédération de la jeunesse laïque sous la présidence d'honneur de Buisson et Delpech. Lapicque, maître de conférences de physiologie en Sorbonne, en a été président effectif et, en cette qualité, a adressé un *appel* « à tous ceux qui, dès leurs premières années, ont eu le privilège de recevoir à l'école laïque un enseignement affranchi de tout rapport avec les formalismes des Décalogues et les légendes des Mythologies. »

En faveur de la laïque on organise encore la réclame de grandes fêtes scolaires données avec tout l'éclat administratif habituel. Le 30 juillet 1899,

1. Allocution prononcée par l'inspecteur d'Académie de Rouen à l'inauguration du Cercle de la Jeunesse laïque de Saint-Nicolas-d'Aliermont, le 23 mai 1909 (*Le Siècle*, 22 juin 1909). Le 27 juin, inauguration du Cercle de la Jeunesse laïque de Lisieux, sous la présidence du juif Petit, inspecteur général de l'Université (*Le Petit Journal*, 28 juin 1909).

le Conseil municipal de Paris célèbre, au Bois de Boulogne, une fête de l'adolescence en l'honneur des enfants des patronages laïques. La Ligue de l'Enseignement organise, plusieurs années de suite, le jour de la Pentecôte, dans toute la France, une fête des Écoles laïques ; cette fête est célébrée dans 27.000 communes en 1904, et dans 29.000 en 1905 ; on lui donne encore un plus grand éclat en 1906, pour le 25e anniversaire de la fondation des Écoles normales de Fontenay-aux-Roses et de Saint-Cloud. En 1908, la municipalité du Mans organise une fête de l'enseignement laïque (1). En 1909, les anciens élèves des écoles laïques donnent, avec le concours du maire de Lyon, une fête civique de la jeunesse (2).

L'école opposée à l'école, les associations d'élèves opposées aux associations d'élèves, il reste, pour finir de diviser la France contre elle-même, à opposer les groupes de pères de famille aux groupes de pères de famille.

L'école laïque, génératrice de toutes ces discordes, en tendant de plus en plus, par suite de l'attitude administrative et de l'activité législative, au monopole de fait, provoque, de la part de ceux qui ne peuvent s'y soustraire, une autre forme d'opposition : les pères de famille, obligés de subir la

1. *Le Petit Journal*, 6 juillet 1908.
2. *Le Matin*, 27 juin 1909.

laïque, se refusent à devenir ses complices; ils s'associent pour contrôler et rectifier l'enseignement qui s'y donne.

Aussitôt Buisson émet cette idée que, s'il s'agit là de « formes légitimes de l'organisation collective des citoyens pour défendre leurs idées », si même « il faut considérer comme un signe de progrès social toutes les curiosités mêmes gênantes à l'égard de ce qui se fait dans l'école publique », du moins y a-t-il « loin de là à l'espionnage et au pire de tous, celui qui se ferait par les enfants; ce serait les démoraliser; les parents honnêtes ne se prêteront pas à une telle manœuvre ». Le contrôle de l'école ne pouvant être fait par les parents que grâce à leurs enfants, Buisson n'admet ce contrôle que si l'on n'a pas recours au seul moyen de le rendre effectif. On reconnaît bien là la manière sournoise d'un des pères de la laïque : il approuve, en principe, l'association des pères de famille, mais, en fait, il la désarme. Mieux : il invite l'instituteur à entrer en rapport personnel avec les familles et « à leur parler en détail de l'éducation donnée à leurs enfants, de la raison et du but de chaque enseignement. Nulle propagande en faveur de l'école laïque n'aura valu celle-là (1) ». L'instituteur deviendrait en effet un agent de la pensée d'État

1. Article de Buisson dans *la Revue bleue*, 9 mai 1908.

jusque dans le foyer familial ; les associations de pères de famille seraient quelque chose comme des écoles laïques d'hommes faits enseignées par le prêtre officiel. Ferdinand Buisson ne peut qu'être partisan d'associations devenues à ce point ses collaboratrices. Mais ses perfides conseils n'ont aucune chance d'être suivis.

On l'a compris dans son parti.

Dès l'arrêt rendu par le tribunal des conflits dans l'affaire Morizot, et en présence du développement des associations de pères de famille, une Ligue des pères et mères de famille républicains pour la défense de l'école laïque se fonde en Eure-et-Loir. Elle se propose de « protéger les institutrices et instituteurs primaires publics contre les critiques et les attaques injustes, contre les outrages, injures, dénonciations calomnieuses, diffamations, actions en responsabilité civile », en donnant des consultations juridiques gratuites et en acquittant les frais de l'instance (1). Le juif Édouard Petit, inspecteur général de l'Université, écrit à ce propos : « L'école laïque va être défendue par des contre-associations, également de pères de famille. A l'association fidéiste va, front à front, s'opposer la Ligue rationaliste (2). » Robelin, secrétaire général de la Ligue de l'Enseignement,

1. *Le Matin*, 21 juin 1908.
2. *Le Radical*, 30 juillet 1908.

fait une conférence à Essonnes devant les chefs de cabinet du Ministre de l'Instruction publique et l'inspecteur primaire Villain : il engage les amis de l'école à se grouper pour répondre aux attaques des associations de pères de famille (1). Au Convent du G.·. O.·. de septembre 1908, le F.·. Blum, professeur au lycée de Lyon, demande que tous les groupements scolaires existants, — amicales, patronages, Ligue de l'Enseignement, etc., — s'unissent pour défendre l'école laïque. Le Convent vote cette proposition et demande, en outre, le vote du projet Briand et la laïcisation complète des programmes d'études (2). *Le Rappel* (3) déclare aussitôt qu' « aux 1.400 associations cléricales de pères de famille nous opposerons l'activité de nos groupes de libre pensée. Partout où fonctionne une association de pères de famille ennemis de l'école laïque, nous opposerons l'action des groupes de gauche : sections de Libre Pensée, Ligue des Droits de l'homme, Jeunesses laïques et républicaines, etc. »

Une « Société des Amis de l'École laïque du IXe arrondissement », à Paris, se fonde « sous le patronage d'honneur de M. le Préfet de la Seine, M. le Maire et MM. les Maires adjoints du IXe et

1. *Le Matin*, 22 juin 1908.
2. *Eclair*, 10 octobre 1908.
3. 10 octobre 1908.

de la Ligue française de l'Enseignement. » *L'Éclair* (1) publie la circulaire-programme de la Société; elle s'y déclare « résolue à rester à l'écart des controverses politiques ou religieuses » et à se « consacrer uniquement à son but de solidarité et d'assistance matérielle et morale de l'enfance ». Mais, en même temps, *l'Éclair* reproduit une *planche* secrète de la même Société, datée de l'O.·. de Paris, 20 janvier 1909, où nous lisons : « Il faut que partout où se fondent des associations de pères de famille, nos amis constituent des associations ou des œuvres ayant pour but de défendre l'école laïque. Nous avons donc résolu de fonder dans ce quartier (le IXe), qui est le siège des deux obédiences maçonniques, une Association des Amis de l'École laïque qui va entreprendre vigoureusement la lutte. »

Vers le même moment, la Ligue de l'Enseignement, filiale de la Maç.·., avise ses 1.000 sociétés fédérées de la constitution d'un Comité de jurisconsultes pour la défense de l'école laïque et demande « à toutes les sociétés ou associations, à tous les groupements, à tous les comités qui se réclament de l'esprit laïque et républicain, qu'ils soient ou non adhérents à la Ligue de l'Enseignement », de donner à celle-ci leur concours

1. 7 avril 1909.

« pour répondre à l'action concertée du parti clérical pour une action non moins coordonnée de toutes les forces républicaines, démocratiques et laïques ».

Les forces adverses étant ainsi organisées, que se passe-t-il ? La défense de l'école laïque n'a guère lieu d'intervenir, tant est modeste et prudente la défense contre la laïque. Lorsque les familles interviennent par démarche auprès de l'instituteur, plainte ou pétition auprès de l'inspecteur d'académie, elles n'obtiennent rien et se résignent. Il en est ainsi, nous l'avons vu, à Saint-Rome-de-Cernon. M. Gurnaud a raconté les pacifiques et inutiles efforts des pères de famille dans leur conflit avec l'école à Apremont (1) et dans trois communes champenoises (2) : les manuels dont la suppression était demandée sont restés en usage ; l'instituteur d'Apremont a même reçu, en récompense, du Ministre de l'Instruction publique, une médaille de bronze.

Le Gouvernement peut en prendre à son aise à l'égard de ceux qui viennent à lui en posture de suppliants : les forts ne cèdent qu'à de plus forts ; leur volonté ne plie que devant une volonté supérieure que traduisent des actes et non des mots.

Plus qu'une démarche humble, plus qu'une

1. *L'école et la famille*, p. 97-103.
2. *Id.*, p. 118-127.

sollicitation cachée de citoyens dépendants et craintifs, les pouvoirs publics redoutent la parole sacerdotale qui est déjà un acte parce qu'elle a l'autorité nécessaire pour provoquer à agir. Dès 1891, le tribunal correctionnel de Saint-Sever condamne le P. d'Audiffret pour avoir dit en chaire que « l'enseignement étranger à la religion lui est surtout hostile et conduit fatalement à la destruction du christianisme », et que « la prétendue neutralité scolaire n'est qu'un mensonge, un misérable trompe-l'œil (1) ».

Ces mesures répressives ne sont plus actuellement des faits isolés.

A Eculville et à Saint-Eny (Manche), les instituteurs introduisent dans les écoles l'*Histoire* d'Aulard et Debidour. Les curés, ayant menacé de refuser les sacrements aux parents qui continueraient à y envoyer leurs enfants, sont privés de leur traitement par le ministre Bienvenu Martin (2).

L'abbé Turlin, à Mesves-sur-Loire, est condamné à 100 francs d'amende par le tribunal correctionnel de Cosne pour avoir protesté en chaire contre l'usage, à l'école publique, de l'*Histoire* de Calvet et fait un autre cours d'histoire aux enfants du catéchisme. S'il est acquitté en appel, à Bourges, c'est parce que la preuve n'a pu être administrée qu'il

1. *Le Soleil*, 18 mai 1891.
2. *Le Matin*, 28 septembre 1905.

eût fait ce cours d'histoire et parce que l'édition de 1906 de l'*Histoire* de Calvet n'est pas inscrite sur la liste officielle ; il n'y a donc pas « insubordination contre un acte légal émanant de l'autorité publique (1) ». L'autorité laïque, qui n'admet pas que l'autorité religieuse traite des choses séculières, prétend traiter souverainement des choses religieuses : un prêtre ne peut pas faire un cours d'histoire, mais l'instituteur peut faire un cours de contre-catéchisme.

L'abbé Foucault, curé de Marcilly, proteste, pendant le catéchisme, contre l'attitude de l'instituteur qui, pour entraver l'instruction religieuse faite à sept heures et demie du matin, avait décidé que la classe commencerait désormais à sept heures et demie au lieu de huit heures. Sur la plainte de l'instituteur, le curé est condamné, par le tribunal correctionnel de Meaux, à 100 francs d'amende et 100 francs de dommages-intérêts (2).

Devant le tribunal correctionnel de Brest est traduit l'abbé Jouanne, inculpé d'avoir, à Landerneau, au cours d'une leçon de catéchisme, outragé publiquement et dans un lieu consacré à l'exercice du culte, le Président de la République, le Garde des Sceaux et les instituteurs publics. Comme les propos ont été tenus dans la sacristie, qui n'est pas

1. *Le Matin*, 4 décembre 1908.
2. *Écho de Paris*, 25 février 1909.

un lieu où se célèbre le culte, le tribunal se déclare incompétent.

Pour avoir condamné l'usage de manuels sectaires, l'évêque de Cahors est condamné, en vertu de la loi de séparation, à 25 francs d'amende ; et dix des curés qui ont lu en chaire la lettre pastorale, à 16 francs ; l'archevêque d'Auch, à 400 francs d'amende ; et cinq curés, à 50 francs. Pour avoir flétri les lois injustes, le cardinal Andrieu est condamné à 600 francs d'amende.

Afin de désarmer les pères de famille qui auraient l'imprudence d'écouter ces conseils libérateurs, l'État menace de restreindre la compétence des tribunaux et de frapper de peines de prison et d'amende tout citoyen qui publierait les méfaits de la laïque.

L'État accentue donc nettement son offensive.

Par l'offensive seule on se défend efficacement. Nos adversaires l'ont toujours compris. Nous, jamais. Nous nous défendons par des mots, au lieu d'attaquer par des actes. Pour agir, il est besoin d'une doctrine et d'une direction. Nous avons l'une et l'autre : nous savons qu'il n'est pas de loi contre la conscience, mais que la conscience est juge de la loi ; et notre devoir, nos pasteurs nous l'ont tracé. L'heure est passée des louches et stériles négociations : c'est vouloir être dupés que consentir à causer avec des ennemis violents doublés de diplomates assouplis à toutes les perfidies (1). Le temps est venu d'agir : séparons l'école de l'État, séparons-nous de l'école d'État, faisons le vide autour des maîtres corrupteurs ; à l'école infâme opposons la grève (2).

Cela, c'est encore la lutte pacifique. Mais l'État, peut vouloir l'autre et la commencer : il a, — et surtout les gens qui l'exploitent, — l'habitude et le goût de toutes les violences ; pour l'État laïque, les dragonnades n'ont pas de secret ; les fils des Septembriseurs tiennent le pouvoir ; leur bande

1. En 1882, « l'épiscopat s'émeut. Il rédigea une protestation. Cette protestation allait paraître ; mais le Gouvernement intervint ; il fit de belles promesses ; on les écouta ; la lettre ne fut point publiée. Et la loi est devenue un fait. » (Discours de Mgr Henry, évêque de Grenoble, au Congrès diocésain. — *L'Action française*, 11 mars 1909.)

2. La Prusse ayant voulu imposer aux Polonais l'usage de la langue allemande dans leurs cours d'instruction religieuse, 100.000 enfants ont déserté l'école. A Zabrez, un père a été, par jugement, déclaré déchu de la puissance paternelle pour avoir « défendu à sa fille de répondre en allemand au professeur pendant les leçons de catéchisme. » Le jugement qualifie cette « conduite » d'« acte d'usurpation envers l'âme de l'enfant ». Il la déclare « contraire à l'ordre de l'État, car l'enfant est excité à se révolter dès son bas âge contre l'autorité de l'école, et par cela même contre les prescriptions et ordonnances de l'État », de sorte qu'« il faut s'attendre à ce que l'enfant s'oppose plus tard constamment aux intérêts de l'État et devienne ainsi l'ennemi de l'ordre public. » (Cité par *l'Écho de Paris*, 20 novembre 1906). Bientôt nos Prussiens de l'intérieur nous traiteront en Polonais.

ne reculera devant aucun excès (1). Contre ces malfaiteurs, agissez alors comme il convient d'agir contre des malfaiteurs : prenez vos fourches !

L'action est impossible sans organisation. Parce que les citoyens sont inorganisés en présence de l'État puissamment organisé, ils sont, bien que souverains, traités en serfs. L'école devrait être leur école ; l'instituteur, leur délégué ; l'État, leur chose. Mais l'État est un syndicat de factieux ; l'instituteur, un révolté ; l'école, un mauvais lieu. Le Gouvernement subsiste par la timidité de citoyens dispersés, par leur incapacité à exercer un contrôle, par l'impuissance des pauvres gens tout au souci de gagner leur pain. Contre le Gouvernement, des citoyens associés et stimulés peuvent tout s'ils sont décidés à agir. Plus d'humbles requêtes, plus d'émollients pourparlers : une mise en demeure, et des sanctions. Des enfants ont donné aux hommes l'exemple : à La Clusaz, près d'Annecy, l'instituteur communal ayant distribué aux garçons de son école des manuels de morale civique hostiles à leur foi, tous les enfants ont mis les livres en tas et les ont brûlés (2). On attend encore que les hommes agissent en hommes. Quand l'État

1. Déjà, au cours des procès truqués contre les Bon-Pasteur, on a vu des cohortes d'émeutiers soudoyés par les préfectures envahir les rues et les places publiques.

2. *Le Peuple français*, 8 juillet 1909.

entre en guerre contre les citoyens, les citoyens se doivent de mener la guerre contre l'État.

Et l'État laïque entend poursuivre la guerre scolaire avec plus d'énergie que jamais : il se prépare à recourir à l'hypocrite violence des lois, appuyée par la force matérielle, pour briser les dernières armes dont peuvent encore faire usage des hommes libres. Il lui importe que nul ne puisse rien contre l'école dont il a fait son instrument de règne : par elle seulement les pensées peuvent être asservies à la Libre Pensée.

Il se prépare donc à la protéger par de dures sanctions ; pour être sûr qu'on la respecte, il entend imposer à son endroit le silence. C'est que le monopole est imminent, et que, le monopole établi, l'État se propose d'étendre la durée de l'école jusqu'à la fin du service militaire. La loi Doumergue, le monopole, l'école prolongée, voilà la tâche que l'État laïque s'est assignée et qui ne tend à rien moins qu'à imposer par la force la pensée, la volonté, la religion de l'État.

Le projet de loi Doumergue ne permet plus au père de l'enfant d'agir judiciairement contre l'instituteur, mais seulement contre l'État pour obtenir réparation du dommage causé ; le père ne peut se plaindre de l'instituteur qu'à l'autorité académique. Or nous savons que l'autorité académique ne donne jamais tort au personnel enseignant et qu'un procès contre l'État a toutes les chances de ne jamais aboutir. Le coupable est assuré de l'impunité.

Ce projet est déposé après qu'au banquet de la Ligue de l'Enseignement Dessoye « a réclamé une loi protectrice des instituteurs : si nous n'agissons pas, c'est vingt-trois mille procès que nous aurons à soutenir demain (1) ». Aussitôt déposé, le projet est approuvé : « L'État couvrira l'instituteur. Il est de toute évidence que, de cette façon, le maître d'école se trouvera garanti et ne sera plus exposé au véritable chantage qu'on se proposait d'organiser contre lui (2) ».

Et d'autres menaces éclatent. Le cardinal Lecot ayant, dans sa *Semaine Religieuse*, recommandé l'union des pères de famille contre l'école athée, *la Lanterne* (3) déclare que le projet Doumergue, « excellent ouvrage de défense contre les attaques cléricales », est insuffisant : « il faudra aller plus loin. Il conviendra de prendre de justes mesures répressives contre les hommes qui veulent discréditer notre enseignement primaire ».

Le projet (4) du protestant Doumergue, ministre

1. *La Lanterne*, 20 juin 1908.
2. *La Lanterne*, 28 juin 1908.
3. 3 août 1908.
4. Ce projet était élaboré depuis plusieurs années. Déjà, en mars 1903, une circulaire de Combes avait invité les préfets à sévir contre les maires qui, « par leur inertie, se

de l'Instruction publique, punissait cependant déjà, avec les pères coupables d'empêcher leurs enfants de recevoir l'enseignement donné par l'école sur les matières obligatoires ou de faire usage des livres inscrits sur la liste départementale, toute personne qui agit en ce sens par discours, affiches ou écrits. Nous savons, d'autre part, les pénalités portées par la loi de Séparation et déjà en partie appliquées. L'instituteur sera tabou; l'école sacrée; l'enseignement d'État sera désormais, au sens absolu du mot, *obligatoire*. Pour Buisson, ces « projets ne sont ni des lois de combat ni des lois d'exceptiou (1) ». Et ils ne suffisent pas à satisfaire la puissance cachée qui exprime dans *la Lanterne* sa volonté.

L'audace de la Secte n'a pas d'autres raisons que son succès en 1882. La brusque offensive de l'épiscopat belge, menacé des mêmes périls, a sauvé vers le même temps la Belgique, comme l'abstention de l'épiscopat de France nous a livrés à nos ennemis ; les évêques français pratiquèrent alors la politique de la crosse en l'air ; nous devons à leur capitulation les ruines de ces vingt-cinq dernières années. A cette époque, ils avaient derrière eux

rendraient complices de manifestations ou de violences dirigées contre le personnel enseignant. » (Citée par *la Petite République*, 29 mars 1903).

1. *Le Siècle*, 24 février 1909.

presque toute la nation. Ils ont aujourd'hui perdu tout ce que l'action scolaire laïque a enlevé de leurs troupes. Si la lutte se présente en des conditions moins favorables, du moins est-il urgent de ne pas attendre que ces conditions deviennent pires. Chaque année qui passe est une bataille perdue.

Mais il ne semble plus que nos évêques soient des amollisseurs d'énergie, des temporisateurs peureux, des bénisseurs et des médiocres. Ils paraissent estimer que l'on doit désormais combattre autrement que par la résignation.

Nous avons entendu leur appel collectif lu dans toutes les églises de France le 20 septembre 1908 : Si l'école publique « s'obstine à être un péril pour la foi de vos enfants, vous devrez leur en interdire l'accès ».

L'évêque de Nancy, Mgr Turinaz, écrit au Ministre de l'Instruction publique : « Puisque la paix, la justice et la liberté nous sont impitoyablement refusées, puisque la lutte nous est imposée, les évêques de France feront leur devoir... Si, en face de ces excès et de ces hontes, tous les catholiques ne sont pas unis, énergiques et vaillants, ils auront une fois de plus courbé la tête dans la servitude et le déshonneur (1). »

Au congrès diocésain de Grenoble, Mgr Henri,

1. *Écho de Paris*, 31 janvier 1909.

s'exprime ainsi sur la question scolaire : « Sous le couvert de la neutralité, c'est une véritable guerre qui nous est faite. Par la menace des lois que l'on prépare, on espère nous forcer à reculer. Je suis votre chef : je vous assure que je ne reculerai pas. S'il se trouve une majorité pour voter ces lois monstrueuses, moi, évêque, je donnerai, le premier, à tout mon peuple, l'exemple de la résistance. Je sais à quoi je m'engage, à l'amende et à la prison. L'amende, je la paierai. La prison, je la ferai. Et après, je recommencerai (1) ! »

S'adressant à ses juges, l'évêque de Cahors, Mgr Laurans, leur déclare : « L'Église enseigne non en vertu de diplômes, mais en vertu d'une mission. En écrivant une lettre pastorale, l'évêque remplit le devoir d'enseigner, et son enseignement ne tire pas sa force obligatoire de l'assentiment de ceux à qui la lettre est adressée, mais de l'autorité même dont il est investi. Les lettres pastorales de votre évêque échappent à votre contrôle. En qualité de juge de la doctrine, j'ai condamné certains livres et certaines écoles : je renouvelle ici cette condamnation. Quelle que soit la sentence que vous prononcerez, celle que contient ma lettre du 15 décembre dernier restera valable : livres mauvais et écoles mauvaises sont

1. *L'Action française*, 13 février 1909.

et demeureront condamnés (1). » Et, devant la Cour d'Agen, l'évêque ajoute : « Nous avons demandé que l'école fût assainie, désinfectée, rendue accessible aux enfants catholiques. Nous ne voulons pas qu'on les oblige à renier leur baptême avant de franchir le seuil de l'école primaire publique. »

Condamné, l'archevêque d'Auch écrit à ses diocésains : « Les sentences de la justice française étaient autrefois une flétrissure. Elles ont cessé de l'être depuis que l'on voit défiler en nos prétoires ce que notre pays compte de meilleur. » Il rappelle cette pensée de J.-J. Rousseau : « Lorsqu'une loi est abusive, les citoyens doivent en la transgressant, lui fournir l'occasion de sévir contre eux, car plus elle sera appliquée souvent, et mieux ressortira aux yeux de tous, aux yeux du juge lui-même, le vice qui doit en amener l'abrogation. » L'archevêque invoque aussi cet article de la Déclaration des Droits : « Quand le Gouvernement viole le droit du peuple, l'insurrection est, pour le peuple et pour chaque fraction du peuple, le plus sacré des droits et le plus indispensable des devoirs. » Et il conclut : « Aucune puissance humaine, aucune loi, aucune menace, aucune peine ne sauraient lier nos langues parce qu'il y a quelque chose de plus fort que les jugements et les menaces des hommes :

1. *Écho de Paris*, 29 mai 1909.

c'est le sentiment de notre devoir pastoral, l'honneur de notre ministère et la crainte des jugements de Dieu. »

Dans son mandement du 28 mars 1909, le cardinal Andrieu rappelle un principe fondamental du christianisme : la désobéissance aux lois injustes : « Vos lois sont mauvaises ; or les lois mauvaises n'obligent pas en conscience, et, puisque celles que vous édictez compromettent les intérêts les plus sacrés de l'Église et de la Famille, nous avons non seulement le droit, mais le devoir de leur désobéir. » Poursuivi en exécution de l'article 35 de la loi de séparation, le cardinal signifie au juge d'instruction qu'il fera défaut : « Je ne reconnais à aucune justice humaine le droit de contrôler et surtout de censurer l'enseignement que je donne à mon diocèse et qui est l'enseignement même de l'Église. Je ne relève, en ce qui le concerne, que du pape et de Dieu. Je tiens à vous déclarer encore que je ne reconnais pas à la justice française le droit de me poursuivre en vertu d'un article quelconque de la loi de séparation. Cette loi est inexistante pour les catholiques, du moment que leur chef suprême l'a condamnée comme attentatoire à la propriété, à l'autorité et à la liberté de l'Église. En vous faisant entendre ce cri de ma conscience épiscopale, je ne brave point vos arrêts, mais je ne puis les craindre, sachant que les triomphes de la force sont éphémères et que le droit prend toujours sa revanche au tribunal de Celui qui juge, par des décisions sans appel, la justice elle-même. »

Tout l'épiscopat français adhère à la déclaration du cardinal qui, condamné par défaut à 600 francs d'amende, « pour délit d'Évangile », suivant sa forte expression, écrit : « Je réprouve ce jugement qui n'existe pas plus à mes yeux que la loi dont il se réclame. La situation des catholiques français est intolérable. L'Église n'empiète pas sur le domaine de César ; César ne doit pas empiéter sur le domaine de l'Église. »

Vraiment, nous avons des chefs. Suivons-les !

D'autres membres de l'épiscopat se mettent personnellement à la tête du mouvement protestataire. Sous la présidence de l'évêque de La Rochelle, Mgr Eyssautier, douze cents personnes votent un ordre du jour contre le projet de loi Doumergue. L'évêque de Châlons, Mgr Sevin, préside, à Vitry-le-François, la réunion de l'association des pères de famille de l'arrondissement ; au nombre de trois cent cinquante, ils déclarent repousser le projet Doumergue, « loi tyrannique », et s'engager, « si elle est votée, à en provoquer l'abrogation par tous les moyens (1) ». A la réunion de la Ligue patriotique des Françaises, Mgr Sevin

1. *Écho de Paris*, 19 mars 1909.

déclare que, ces lois votées, il sera le premier à conseiller de n'y point obéir, dût-il aller en prison : « Le jour où vous me verriez menottes aux mains, je suis persuadé que vous m'aimeriez davantage (1). » Mgr Dadolle, évêque de Dijon, préside, à Dijon même, une réunion de protestation de trois cents chefs de famille contre les projets scolaires (2). A Rennes, réunion de protestation de sept cents chefs de famille sous la présidence de l'archevêque, Mgr Dubourg (3).

Des chrétiens, toujours les premiers sur la brèche, font entendre à leur tour la même parole de révolte. A Paris, à la Ligue d'action sociale de la femme, M. Bazire, avocat à la Cour d'appel et ancien président de la Jeunesse catholique, s'écrie : « Ne croyez pas que Morizot soit une exception. Il est resté au-dessous de la plupart de ses collègues. On menace d'amende et de prison ceux qui signaleront les méfaits de l'école neutre. Nous commettrons les infractions que ces lois ont pour objet de réprimer. Nous violerons la loi sur tous les points du territoire. »

Et avant qu'il soit longtemps.

L'école athée, pierre d'angle de la maçonnerie d'État, ne peut attendre davantage les consolida-

1. *Le Matin*, 6 avril 1909.
2. *Écho de Paris*, 6 avril 1909.
3. *Le Siècle*, 8 avril 1909.

tions nécessaires. L'équipe qui exploite le pays ne reculera devant rien. Elle a pour premier ministre un homme qui, disqualifié comme il l'est, est qualifié pour toutes les basses besognes et ne se récusera pour aucune. Au Congrès de la Ligue de l'Enseignement de 1906, Briand déclarait que l'instituteur doit faire voter les ruraux pour les candidats du Gouvernement, après avoir formé «le vrai homme, celui dont le cerveau n'est pas obstrué par les préoccupations du mystère et du dogme ; cet homme-là, la divinité est en lui ». Devenu président du Conseil, Briand mentionne, dans sa déclaration (1), les projets scolaires dont le Parlement est saisi : « Cet ensemble de réformes est destiné à mettre l'enseignement laïque à l'abri des attaques de ses adversaires. C'est dire l'intérêt qui s'attache au vote de ces projets. » Louche exécuteur des basses œuvres parlementaires, habile à dresser un traquenard avec les lois, embusqué dans un ministère comme dans une maison borgne, intelligent, plein de ruse, aussi dépourvu de scrupule que d'honneur, cet homme s'apprête à satisfaire les viles passions de ceux qui l'ont pris à leurs gages. Renouvelant Waldeck, il a choisi dans toutes les équipes de la majorité des collaborateurs dont l'anticléricalisme est la seule pensée commune, il a formé un ministère qui, synthéti-

1. Séance de la Chambre du 27 juillet 1909.

sant les trente ans de régime, ne peut vivre que de la guerre de religion : ministère nécessaire à la Libre Pensée pour qu'elle franchisse une nouvelle étape ; homme nécessaire à cette Libre Prostituée pour l'aider à souiller l'âme française. Achever de juguler les catholiques par la destruction de leur œuvre scolaire, que les lois anticongréganistes ont déjà compromise, et par l'interdiction du culte auquel la loi spoliatrice de séparation avait, du moins laissé l'indépendance dans la pauvreté, — loi de monopole de l'enseignement et loi de police des cultes : voilà la prochaine besogne de ce ministère. Cependant l'imbécillité des conservateurs accueille le Briand comme elle avait accueilli le Waldeck. Les pires malheurs menacent nos dernières libertés.

Les projets Doumergue, en plaçant au-dessus de toute critique l'enseignement laïque, le rendent *absolument* obligatoire pour ceux qui le reçoivent. Ces projets votés, il ne restera plus qu'à rendre cet enseignement *universellement* obligatoire : le monopole permettra de verser le poison scolaire à toute l'enfance française.

En monopolisant l'enseignement primaire, l'État se substitue au père dans sa fonction éducatrice : il dépouille le père de son autorité et de sa responsabilité naturelles dans la formation de l'âme de ses enfants. En prononçant la déchéance du père, l'État prétend hypocritement « protéger la liberté du père de famille contre le racolage savamment organisé par les congrégations (1) », et défendre contre le père le droit que possède l'enfant de développer librement sa personnalité : « Nous parlons des droits du père de famille, mais les droits de l'enfant n'existent-ils pas aussi (2) ? » « Nous croyons, écrit Payot, que l'enfant doit être protégé même contre son père (3). » « Il est temps, assurait Combes dès 1888, de démunir les pères de famille du droit absolu qu'ils s'arrogent sur l'éducation de leurs enfants. » « Un père se demande-t-il s'il est dans son droit quand il inculque à un petit être sans critique les dogmes particuliers de sa religion particulière ? Il y a là un criant abus de pouvoir. L'école remédie au mal (4) », — l'école d'État, car « l'État est le tuteur le plus autorisé de l'enfant (5) ». « La liberté d'enseignement ne doit pas exister parce que les droits du père de famille, sur lesquels on l'établit, n'existent pas (6). »

1. *Bulletin du Grand-Orient*, 23 septembre 1898, — cité par Jules Lemaître, *Écho de Paris*, 20 mars 1899.

2. *Le Siècle*, 27 février 1909.

3. *Le Volume*, 24 octobre 1908.

4. Conférence de Havet à Tours, le 2 octobre 1902, à l'Amicale des instituteurs d'Indre-et-Loire.

5. De Saint-Germain, rapporteur de la loi contre les congrégations enseignantes.

6. Céby, *Annales de la Jeunesse laïque*, janvier 1903.

Il est cependant certain que l'enfant ne peut se développer seul : il a besoin qu'on protège, nourrisse, éduque, instruise son corps et sa pensée ; et l'on fait le dressage de son estomac comme de son intelligence ; il naît dans un milieu climatique, ethnique, social, familial, dont il reçoit ses façons de sentir, de vouloir, de parler et d'agir ; on lui impose un régime alimentaire, des vêtements, des usages, un langage, hors quoi il ne peut pas plus vivre qu'au-delà de l'atmosphère où l'homme respire ; on fait de lui un droitier, un gaucher, un ambidextre ; et il participe également, comme héritier, à une certaine richesse intellectuelle et morale qu'il reçoit de sa famille, de sa nation, de son siècle. Que l'adulte ait le droit de se dégager des influences qui lui déplaisent, de se réformer sur un idéal nouveau, cela est incontestable. Mais il est incontestable que le mineur, ne pouvant, ni matériellement, ni moralement se suffire à lui-même, a besoin d'un tuteur et que son tuteur *naturel* est son père et sa mère. L'État apparaît comme un pouvoir étranger, arbitraire, un intrus qui s'impose par la force. Il ne se demande pas « s'il est dans son droit quand il inculque à un petit être sans critique les dogmes particuliers de sa religion particulière. » Et il y a de pressantes raisons de croire que « l'enfant », comme le père, « doit être protégé même » et surtout contre l'État.

En réalité, l'État prétend faire de l'enfant sa *propriété*. Voler l'enfant et se l'approprier, le traiter comme sa chose, le cultiver comme son bien, l'exploiter pour en tirer un revenu, ce rêve est celui qu'en tous siècles, hors des sociétés affranchies par le christianisme, l'État a rêvé et vécu.

« L'enfant appartient à la collectivité (1). » Donc la collectivité, représentée par l'État, a seule le droit de façonner l'âme de la jeunesse dans ses écoles. Le monopole exprime ce droit de l'État contre l'enfant. L'enfant, non plus que l'adulte, n'a pas de droit. En 1904, à Nîmes, le Congrès des jeunesses laïques « décide : l'enseignement doit être un service public, exclusivement réservé à l'État ». C'est qu'en effet, « en dehors de la nationalisation de l'enseignement, toute notre œuvre anticléricale sera vaine et inefficace (2) ». En août 1909, le Conseil général de la Marne émet le vœu que « le Gouvernement fasse voter, aussitôt que possible, le monopole de l'enseignement primaire », parce que « la grande majorité des écoles libres du degré primaire ne sont que des écoles congréganistes déguisées », et parce que « l'ins-

1. Discours de Robelin, secrétaire de la Ligue de l'Enseignement, à Caen, le 14 février 1909. — *Moniteur du Calvados*, 28 février 1909.

2. *Annales de la jeunesse laïque*, novembre 1904.

truction de la jeunesse a le caractère d'un service public seul capable de s'adresser à l'esprit, au jugement et à la conscience de l'enfant dans le sens strictement laïque, c'est-à-dire détaché de toute idée confessionnelle (1) ». Le Conseil général du Cher, et, sur la proposition du général André, le Conseil général de la Côte-d'Or votent également un vœu en faveur de l'abrogation de la loi Falloux (2).

Mais le monopole de l'enseignement a son complément nécessaire dans la monopolisation de la jeunesse. Toute la jeunesse subira donc, à un prochain jour, le monopole scolaire jusqu'à ce que le service militaire soit terminé.

A la sortie de l'école primaire, une partie des élèves sélectionnés par les instituteurs sera dirigée sur les lycées : en septembre 1908, le Conseil général de la Côte-d'Or, sur l'initiative du général André, émet le vœu (3) que l'enfant ne puisse être instruit, ni dans sa famille, ni dans un cours, mais seulement à l'école publique, et qu'il ne puisse choisir un programme d'études autre que celui que les fonctionnaires scolaires lui imposeront ;

1. Cité par *Le Matin*, 20 août 1909.
2. *Le Matin*, 21 et 27 août 1909.
3. C'est la première manifestation politique d'un projet exposé déjà en 1902 dans une brochure, *l'Université de demain*, qui a pour auteur Delvaille et qu'a préfacée Buisson.

de l'école primaire il ne passera au lycée, gratuit comme l'école, que sur décision des autorités compétentes ; et, semblablement du lycée à la Faculté. L'enfant n'est donc plus une personnalité autonome, guidée dans son développement par ses tuteurs naturels, les père et mère : son âme est grevée d'une hypothèque au profit de l'État qui, créancier impitoyable, saisit cette âme et l'exploite dans ses usines scolaires pour lui faire rendre cette soumission parfaite que le Gouvernement entend tirer de l'adulte gouverné. Cet esclavage mental et moral, on l'instaure au nom de la liberté de pensée et du libre examen, afin, dit-on, de permettre aux personnalités comprimées par l'effroyable despotisme de l'Église, de se développer librement, afin de délivrer les jeunes générations des dernières servitudes du passé : mais nous savons traduire le jargon laïque.

La masse des enfants non admis au lycée ne quitteront l'école primaire que pour l'école primaire supérieure et l'école d'adultes, ou l'école professionnelle et les patronages d'État ; on les conduira ainsi jusqu'à l'école régimentaire.

Ce programme maçonnique était tracé, dès 1894, dans une circulaire de la Ligue de l'Enseignement (1) qui le présentait comme « le prolongement même de son œuvre » : la Ligue « voudrait, de l'école

1. Citée par Goyau, *l'École d'aujourd'hui*, I, 196.

jusqu'à l'entrée au régiment, assurer à l'adulte les connaissances requises pendant l'enfance, diriger leur perfectionnement dans le sens professionnel, enfin munir le jeune homme des solides principes qui sont indispensables aux citoyens d'une démocratie. »

Formation intellectuelle, professionnelle et politique du futur électeur, cela résume cette circulaire comme cette circulaire résume tous les projets actuels.

Ces projets viennent au grand jour, en octobre 1908, au Congrès international de l'Éducation populaire qui, ouvert à la Sorbonne sous le patronage de la Ligue de l'Enseignement, étudie les moyens de de conduire l'enfant «de l'école à la vie» en «meublant son cerveau de façon à en faire un bon citoyen», et conclut à l'établissement d'un enseignement professionnel obligatoire jusqu'à dix-huit ans (1).

Aussitôt s'ouvre une campagne de presse. Dans *le Matin* (2), Compayré écrit : « Il n'y a pas, dans le cours de la vie humaine, une période de formation mentale, une étape d'évolution plus caractéristique ni plus décisive » que « l'adolescence », car « les passions s'éveillent » et « le sentiment religieux traverse sa phase critique ». Or, si « rien

1. Discours de Dessoye, secrétaire général de la Ligue, — cité par *l'Écho de Paris*, 3 octobre 1908.
2. *Le Matin*, 1er novembre 1908.

n'a été négligé pour faire de l'école primaire le foyer de l'instruction élémentaire », rien n'a été fait pour les adolescents : « C'est de l'État que nous devons réclamer un supplément de sollicitude et d'assistance », en organisant, « à l'usage des adolescents, un enseignement complémentaire obligatoire ». Peu après, Buisson (1) s'exprime presque dans les mêmes termes que la circulaire de 1894 : « Si nous ne prolongions pas la durée de l'école primaire, si nous n'ajoutions pas, à l'obligation de l'école pour les enfants, l'obligation des cours professionnels pour les apprentis, si nous n'étions pas décidés à achever l'œuvre de nos prédécesseurs en entourant l'école des institutions extra-scolaires et post-scolaires qui feront rayonner son action éducative jusqu'à la fin de l'adolescence, ce serait nous arrêter à mi-chemin, renoncer à recueillir la moisson que nous avons semée ». Quelques jours plus tard, *la Dépêche du Centre et de l'Ouest* (2) publie un article de Dumont, député du Jura : « Nous aurons encore à défendre l'école laïque ; nous aurons surtout à la compléter. Le patronage laïque, l'apprentissage, les cours d'adultes, voilà l'œuvre scolaire à laquelle il faut maintenant nous attacher. L'adolescence ouvrière est moralement

1. Article paru dans *l'Action nationale*, cité par le *Bulletin de la Semaine*, 16 décembre 1908.
2. 26 décembre 1908.

abandonnée : créer un enseignement technique, agricole et industriel, mis à la portée de tous pour compléter et continuer l'enseignement primaire, est une tâche vitale pour notre pays. » Trois jours après, dans *le Matin* (1), le juif Édouard Petit, inspecteur général de l'Université et vice-président de la Ligue de l'Enseignement, réclame l'obligation pour les trois « formes d'apprentissage : patriotique, post-scolaire, industriel », car « il faut préparer l'adolescence française à la défense nationale, à l'émancipation intellectuelle, à la lutte industrielle et commerciale ». Toute la jeunesse française contrainte à penser, travailler et se battre pour la race d'Édouard Petit, quelle émancipation ! *Le Petit Journal* (2) publie un article sur « la crise de l'apprentissage » et demande que l'on organise l'enseignement professionnel obligatoire. Dans *le Siècle* Alfred Massé réclame la gratuité de l'enseignement secondaire (3) ; Modeste Leroy estime « la période de scolarité beaucoup trop tôt terminée », car « de treize à vingt ans, les jeunes gens ont tout le temps de désapprendre le peu qu'ils ont appris » ; la République doit ajouter à l'obligation primaire « l'instruction obligatoire de l'adolescence » sous forme de « cours professionnels, gratuits et

1. 29 décembre 1908.
2. 13 février 1909.
3. 26 février 1909.

obligatoires jusqu'à dix-sept ou dix-huit ans (1) » ; Maurice Ajam insiste sur « les problèmes plus impérieux et plus complexes qui surgissent après l'école : organisation de l'enseignement complémentaire et professionnel de l'adolescence ouvrière et rurale, la préparation militaire pour les garçons, l'enseignement ménager pour les filles (2) » ; Labbé, inspecteur général de l'enseignement technique, expose longuement ses idées sur les écoles d'apprentis (3). Dans son rapport sur l'éducation populaire en 1908-1909 (4), l'inspecteur juif de l'Instruction publique Édouard Petit dénonce énergiquement le nombre et la prospérité croissante des patronages catholiques ; il parle de « l'inlassable activité » de leurs fondateurs, des « congrès diocésains » qui les préconisent, se plaint que l'on y reçoive « de préférence à toute autre la clientèle de l'école laïque », signale « le danger que fait courir aux institutions laïques » cette activité des catholiques. « Sous peine de voir l'influence de l'école battue en brèche », il importe que « le parti républicain » conjure le « danger que font courir les patronages libres à l'État laïque ». Le remède est, selon lui, dans l'école des adolescents

1. 10 mars 1909.
2. 15 avril 1909.
3. 15 avril 1909.
4. *Journal officiel*, 24 juin 1909.

« où les cours seront contrôlés de façon méthodique et suivie » et dans « l'obligation post-scolaire jusqu'à l'âge de dix-huit ans ».

Une vive propagande est donc faite depuis une année, sur l'initiative de la Ligue de l'Enseignement, filiale de la Fr.·. Maç.·., pour préparer l'opinion à accepter la nouvelle législation scolaire que les Chambres ne tarderont pas à discuter.

Mais l'extension des écoles primaires supérieures et des écoles d'Arts et Métiers qui forment, dans un esprit violemment anticatholique, les futurs commerçants, contremaîtres et directeurs d'usines, ainsi que la création d'écoles professionnelles obligatoires et de patronages obligatoires pour les jeunes ouvriers ne suffisent pas à l'achèvement de la geôle laïque. Après l'école d'adultes, des influences libératrices peuvent encore agir et compromettre le succès définitif de l'effroyable conspiration ourdie contre la France chrétienne. Il importe à l'État laïque de continuer de veiller sur cette jeunesse dont il a fait sa chose et de la pétrir de telle sorte qu'elle garde à jamais son empreinte. Si le jeune homme recouvrait son indépendance d'âme, s'il se délaïcisait, il deviendrait l'homme libre, l'électeur indocile que l'État redoute. Il apparaît donc comme indispensable de tenir en laisse l'adulte jusqu'à ce qu'il soit appelé à participer aux différents scrutins : l'école ne fera de bonnes élections que si elle cesse seulement après le service militaire. A ce moment-là, l'homme deviendra fatalement vassal des journaux et des associations que la Secte inspire : il n'échappera plus jamais à son servage d'âme.

Dès maintenant on travaille à transformer progressivement la caserne en une caserne-école où l'on achèvera, suivant l'expression de Dessoye, « de meubler le cerveau » du soldat « de façon à en faire un bon citoyen ». Depuis quelques années, on multiplie dans les régiments les conférences d'instruction générale. Au début de 1907, Chéron, étant sous-secrétaire d'État à la guerre, appelle auprès de lui Julien Ray, professeur à la Faculté des sciences de Lyon et le charge d'organiser, dans tous les corps de troupes, des conférences scientifiques et professionnelles (1). On inaugure, à l'intérieur même des casernes (2), des cercles de soldats qui ont pour conséquence de rendre total et définitif l'internement des recrues et d'accroître ainsi la puissance formatrice du milieu. Avant de quitter la Guerre pour aller porter dans la Marine son industrie, Chéron a décidé qu'un diplôme d'honneur sera délivré aux officiers et sous-officiers qui se seront le plus intelligemment et

1. *Le Journal*, 9 mars 1907.

2. Par exemple le cercle de soldats de la caserne La Tour-Maubourg, à Paris. Voir *l'Écho de Paris*, 22 mars 1907.

le plus utilement dévoués à l'œuvre de l'éducation morale des soldats : c'est dire que l'avancement sera réservé à ceux qui se seront fait remarquer par leur zèle d'éducateurs anticléricaux.

Après le soldat, l'électeur. Mais nul n'ignore de quels liens secrets on l'a chargé. On a formé « une génération de citoyens irréductibles au point de vue républicain (1) ». A vrai dire, il n'y a plus désormais d'âge de majorité : le laïcisé est un mineur perpétuel. C'est le régime du tout-à-l'égout laïque que ce régime du tout-à-l'État. Qu'il soit réalisé, et « personne ne bougera en France en dehors de nous (2) ».

L'État laïque se hâte d'achever de construire le tombeau de toutes nos libertés. L'État despotique issu de la Révolution entend bien que personne ne puisse rien oser, même rien espérer contre lui. La farce électorale dont son astucieuse tyrannie nous amuse doit pouvoir se jouer sans jamais devenir pour lui un péril ; il convient qu'il s'en dégage, pour le peuple, une puissance d'illusion, et, pour le Gouvernement, une puissance complice. La machination du vote est tout le souci des maîtres. L'oligarchie religioso-maçonnique et juive, pour

1. *Compte rendu des travaux du Grand-Orient,* 7 juillet 1902, p. 23.

2. Convent maçonnique de 1890. Cité par Jules Lemaître, *Echo de Paris,* 20 mars 1899.

être sûre de gouverner, doit être sûre des votes. Pour que l'urne fonctionne comme un distributeur automatique des majorités nécessaires, il suffit d'automatiser l'âme de tout un peuple : pour cela, il n'y a qu'à le tenir à l'école toute sa vie, — à l'école d'ignorance, de perversion, d'impiété.

L'État y enseigne ce dogme fondamental qu'il est le pouvoir suprême, et que sa volonté, exprimée par la loi, est sacrée. La loi crée le droit, le bien et le mal, le juste et l'injuste. Nul ne doit la discuter. Elle est à elle-même sa propre justification. On doit obéir à la loi par cela seul qu'elle est la loi, expression mystérieuse d'une souveraineté supérieure aux citoyens. Ainsi, tandis que, pour les chrétiens, la loi est servante de l'individu, pour les laïques, le citoyen est esclave de la loi. C'est que, pour les laïques, la loi est divine, comme l'État est divin. Dans notre société repaganisée, le conflit entre la conscience et la loi éclate à nouveau, aussi violent qu'il y a deux mille ans lorsqu'apparut le christianisme libérateur. Les fils de la Réforme, inconscients héritiers de la Rome païenne, avouent aujourd'hui sans détours leur idolâtrie de l'État divinisé : ils voient, au fond de tous les « actes, soit législatifs, soit exécutifs », du pouvoir temporel, « l'invocation d'un principe supérieur, *l'affirmation d'une loi générale, naturelle et éternelle, dont la loi humaine n'est que l'expression particulière*. L'État est ***d'abord*** un pouvoir spirituel, et c'est ce titre *seul* qui lui confère la légitimité en tant que pouvoir temporel (1). » La conception politique de l'État laïque enveloppe la conception religieuse de l'État, être visible, plus grand, plus fort que chacun de nous, puissance sacrée, redoutable, dont la volonté oblige notre volonté et tient sous sa dépendance notre pensée, notre activité, notre bonheur, notre vie même. Les énergiques sanctions dont cette divinité terrestre dispose, maintiennent les hommes dans l'obéissance que les éducateurs de la jeunesse lui inculquent. Cet État laïque est une Église armée de plus de moyens de coaction que l'imagination échauffée des libres penseurs n'en a jamais attribués aux Inquisiteurs d'autrefois. C'est pour l'État que les citoyens respirent, travaillent, produisent des richesses et des enfants. Toute la jeunesse est élevée dans la piété et la crainte à l'égard de ce dieu qui dispose du gendarme, du juge et du geôlier; qui distribue les récompenses et les peines, le pain et la prison, la vie et la mort; qui dresse l'homme, comme l'homme, le chien; qui distribue plus de promesses de bonheur que de bonheur réel, et autant de châtiments réels que de menaces de châtiments; qui traite les citoyens comme Pharaon traitait ses fellahs, par le fouet, grand instrument du règne laïque et suprême raison d'État.

1. Docteur Elie Pécaut, *la Raison*, 29 novembre 1903.

CONCLUSION

La neutralité était une feinte : maintenant que nos adversaires se sentent assez forts pour être francs, ils avouent nous avoir trompés. La neutralité enveloppe un système d'idées contradictoire à la pensée chrétienne; une religion de la nature et de l'État, la religion laïque. L'instituteur est le prêtre qui enseigne le dogme nouveau; il est le catéchiste des enfants que la ruse ou la force arrache aux familles chrétiennes.

Les Francs-Maçons associés aux Protestants sont les ouvriers de la législation scolaire, les pourvoyeurs des doctrines que répand l'école, les professeurs des professeurs d'enfants. Et les enfants sont livrés à des maîtres ignorants et impurs dont l'État exalte l'orgueil, dont le Gouvernement exploite la servilité, dont la loi trop souvent se refuse à réprimer les excès : leur inconduite est secrètement conforme à une morale encore inavouée dont la *porcherie* de Cempuis a tenté de faire vivre les principes. Comme leurs exemples, les propos qu'ils tiennent, les livres qu'ils imposent, prodiguent la semence mauvaise : ténébreux artisans du Grand Œuvre d'athéisme, ils ne reculent devant aucune interprétation ou imputation calomnieuse, devant aucun truquage des faits, aucune altération de l'histoire : entre leurs mains, l'histoire, la morale, le livre de lectures, la grammaire deviennent autant d'armes déloyales pour le plus déloyal des combats.

La Puissance cachée dont ils sont les serviteurs entend, pour assurer à leurs actions son entière efficacité, les placer au-dessus de toute atteinte : à l'heure où les méfaits s'accroissent, elle décide de leur faire un rempart de silence. Contre eux qu'aucune plainte désormais ne se fasse entendre, que le père reste désarmé ! Que l'impunité leur soit assurée par la loi ! L'enfant est propriété d'État. Dans les maisons d'État dont ils sont tenanciers, ils enferment aujourd'hui l'enfant, demain l'adolescent et le jeune homme, pour que nul en France ne pense, nul ne veuille hors de la pensée, de la volonté des Maîtres sacrés du pays.

Ceux-ci, sous le couvert des opérations électorales dont la vaine agitation coule nécessairement dans le lit où ils la dirigent, sont seuls à faire la loi : et ils la disent sacrée; seuls à exprimer l'État : et ils le proclament divin. Ils ont attelé le peuple au joug de la superstition antique, et ils le piquent de l'aiguillon, et ils le poussent à creuser le sillon dans la terre féconde qu'ils lui ont prise.

Non. Il est temps encore d'empêcher que, vaincus à jamais, nous soyions rejetés aux vieilles servitudes. Il nous suffit de vouloir rester les maîtres de nos âmes. Juges nés de la loi, refusons-nous à recevoir la loi injuste. Toute loi est loi d'iniquité qui prétend envahir le domaine des consciences. Si nous n'entendions y résister, il ne nous resterait plus qu'à nous allonger dans la prison que l'on nous a construite, et nos ennemis pourraient sceller sur nous la dernière pierre. Contre leurs entreprises nous pouvons tout espérer au contraire, si nous savons armer les courages et tout oser. Pour cette nouvelle et supérieure croisade, il n'est aucun qui ne doive se croiser : il ne s'agit plus de conquérir un tombeau, mais de sortir du sépulcre où nos éternels ennemis entendent nous coucher pour toujours avec nos suprêmes espérances.

TABLE DES MATIÈRES

Monsieur Le Dantec

Monsieur Clémenceau

[illegible]